HISTOIRE DE BORDEAUX

PENDANT

LE RÈGNE DE LOUIS XVI.

BORDEAUX, IMPRIMERIE DE JUSTIN DUPUY ET COMP.,
Rue Margaux, 11.

J. Bernard lith. d'après un dessin fait par Varin[?] vers 1780.   Louis inv.   Lith. J. Vidal, r. du Parlement 18. 9?

VUE DE LA PLACE LOUIS XVI ET DE LA COLONNE LUDOVISE
Projetées en 1787, sur l'emplacement du Chateau-Trompette à Bordeaux.

J. Bernard lith. d'après un dessin fait par Varin Frᵉˢ vers 1820.

VU

Projetées

HISTOIRE
DE BORDEAUX

PENDANT

LE RÈGNE DE LOUIS XVI;

PAR

HENRY RIBADIEU.

Précédé

D'UNE NOTICE SUR LA STATUE DE LOUIS XVI A BORDEAUX;

PAR JUSTIN DUPUY.

AVEC GRAVURE.

A BORDEAUX,

CHEZ LES PRINCIPAUX LIBRAIRES,

Et au bureau de *la Guienne*, rue Margaux, 11.

—

1853

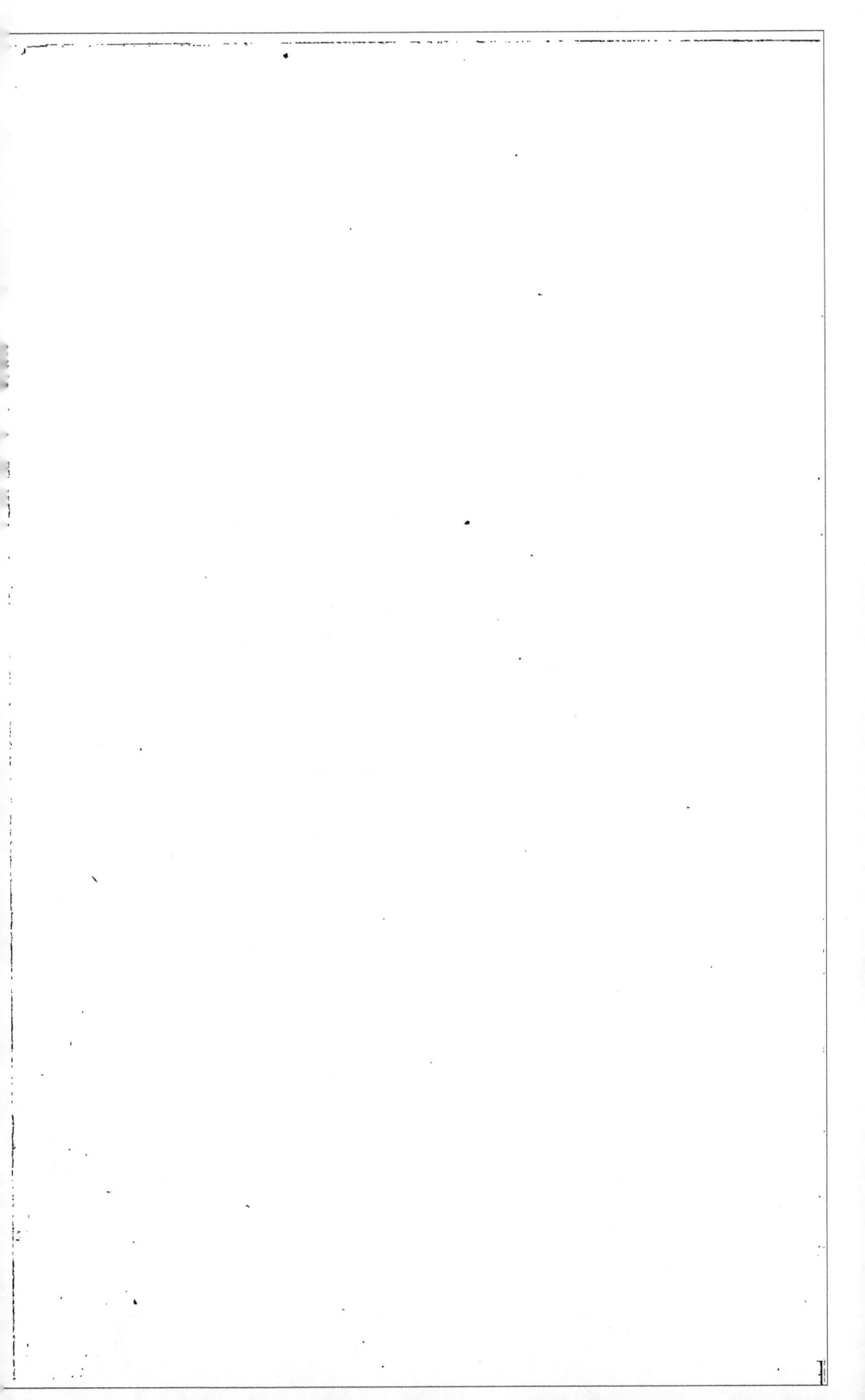

Malgré tout ce que j'avais vu ou entendu
sur le commerce, les richesses et la magnificence de cette ville, tout cela surpassa de
beaucoup mon attente. Paris ne m'avait pas
satisfait, car il n'est pas comparable à Londres ; mais on ne saurait mettre Liverpool
en parallèle avec Bordeaux.

(*Impressions de Voyage en France*, par
ARTHUR YOUNG. 1787).

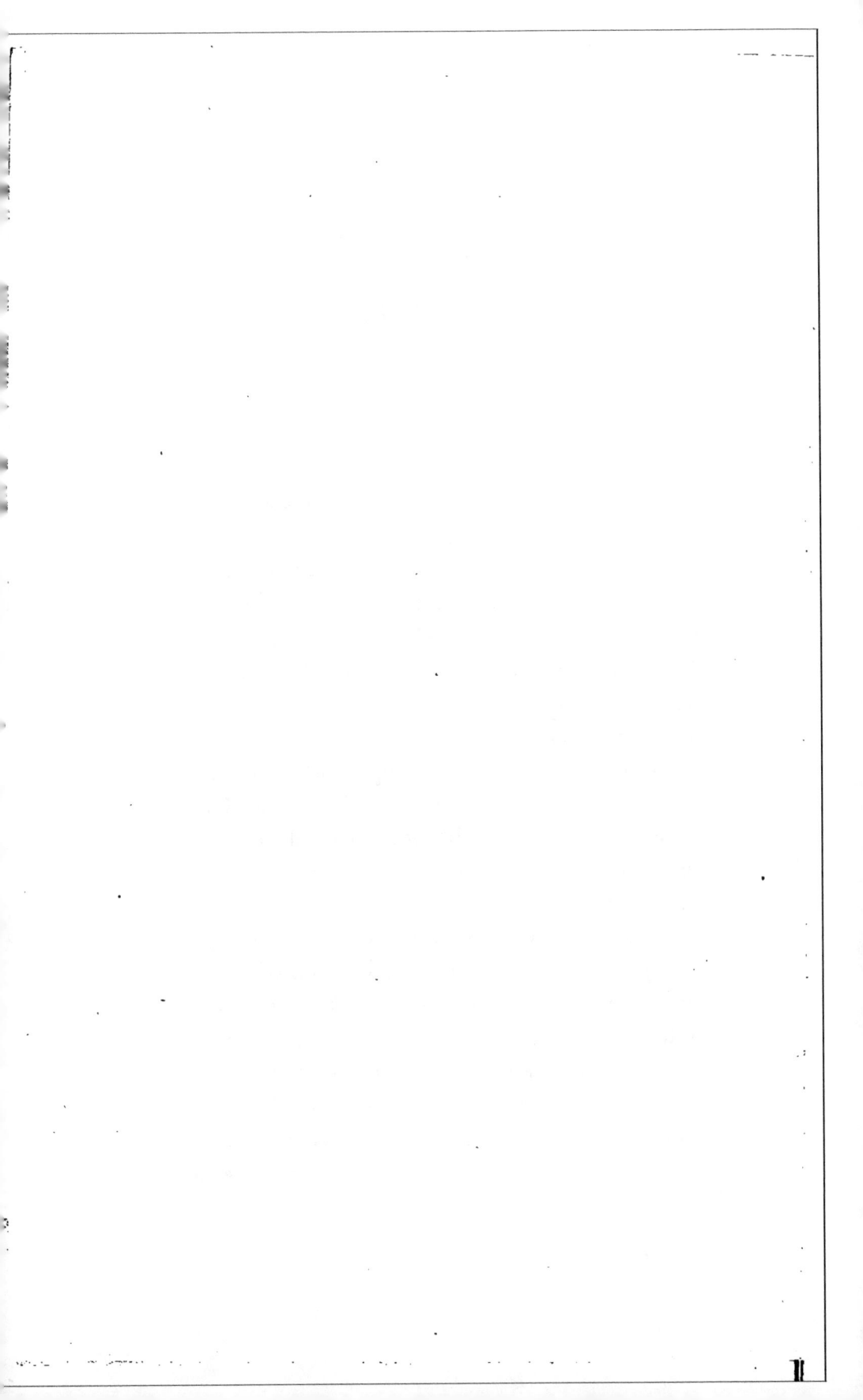

AVANT-PROPOS.

Le travail historique que nous mettons aujour-
d'hui sous forme de volume, a déjà été publié, dans
le courant du mois d'avril, par le journal LA GUIENNE.
— Cette première publication, nécessairement un
peu hâtée, comme toutes celles qui sont assujetties
à l'impression quotidienne, avait donné lieu à quelques erreurs typographiques, que nous nous sommes empressé de rectifier.

Cet ouvrage est donc, en quelque sorte, une seconde édition, corrigée, revue, mais d'ailleurs fort
peu augmentée, à laquelle nous avons dû joindre
seulement quelques notes de nature à compléter
le récit ou à intéresser les lecteurs.

L'étude qu'on va lire n'est pas une œuvre ins-
pirée par l'esprit de parti ou de récrimination ; la
plupart des documens qui nous ont servi à composer
ce travail étaient, depuis assez longtemps déjà,
réunis dans nos mains ; un certain nombre de pages
même, qui devaient précéder une histoire plus étendue, et consacrée à la peinture des temps révolutionnaires à Bordeaux, étaient écrites, lorsque le

1

nom de Louis XVI a été prononcé dans notre ville, et que la question de rendre à sa statue sa destination primitive a été soulevée.

Nous avons pensé alors que les circonstances actuelles pouvaient fournir plus d'à-propos à cette première partie de notre histoire, et que le moment ne saurait être mieux choisi pour faire connaître quelle avait été, sous le règne de ce Prince, la grandeur, la prospérité et la gloire de l'ancienne capitale de la Guienne.

C'est ce que nous avons essayé de faire, sans blesser les opinions, en songeant aux évènemens, et en oubliant les hommes.

Notre histoire avait besoin d'une introduction : nous ne pouvions pas lui en donner une meilleure que celle que M. Justin Dupuy a publiée dans LA GUIENNE.

Ce sont les considérations de M. Dupuy sur l'établissement de la statue de Louis XVI à Bordeaux, qui ont, sinon provoqué, du moins déterminé et hâté l'impression de notre histoire ; elles étaient inséparables de notre travail ; elles en complètent la pensée et en expliquent la publication.

Bordeaux, le 1er mai 1853.

HENRY RIBADIEU.

LA STATUE DE LOUIS XVI

A BORDEAUX.

Le bruit s'était répandu que le rapport lu au
Conseil Municipal, dans sa séance du 11 mars
dernier, par M. Alexandre Léon, au nom de ses
honorables collègues, comme lui délégués à Paris, à l'occasion du mariage de l'Empereur, faisait
mention d'un projet d'échange de la belle statue
de Louis XVI contre des tableaux donnés par
M. de Niewerkerque, au nom du Gouvernement,
et destinés à trouver place dans notre Musée.

Tout en faisant nos réserves sur ce bruit, auquel
nous n'ajoutions aucune foi, nous crûmes devoir
aborder la question qu'il faisait revivre, et nous
développâmes les considérations qui suivent :

La statue de Louis XVI, dont il est ici question,
n'appartient à personne qu'aux souscripteurs qui

ont donné leur argent pour la fondre et l'ériger.
Elle est leur propriété, et nul n'a le droit d'en disposer en dehors de la destination qu'ils ont voulu
lui donner. Le Conseil Municipal, qui connaît ses
droits, et qui sait toujours les exercer avec autant
de zèle que d'indépendance, n'a pu certainement
penser qu'ils dussent s'étendre jusqu'à lui permettre de disposer d'un monument qui n'a été ni commandé ni payé par la ville, et que l'on doit uni-
quement aux pieux sentimens d'un grand nombre
de Bordelais pour la mémoire du plus juste et
du plus infortuné de nos Rois.

Le Conseil Municipal, pas plus que ses honorables délégués, ne peuvent donc avoir songé à proposer l'échange d'une statue qui est la propriété
des souscripteurs et qui n'a rien coûté à la ville.

Si celle-ci avait cru pouvoir en disposer d'une
façon quelconque, ses représentans, pendant les
dix-huit années du régime de Juillet, n'auraient
certainement pas manqué de le faire, en recou-
rant à l'échange qu'on propose, dit-on, aujour-
d'hui, ou à tout autre moyen, puisque l'érection de
la statue était déclaré impossible.

Mais, qu'on le remarque bien, depuis 1830
jusqu'à ce jour, ni l'Administration, ni le Conseil
Municipal, ni qui que ce soit, n'a songé à utiliser

au nom de la ville, et en dehors de la destination que voulaient lui donner les souscripteurs, ce monument, dont la valeur et la beauté artistiques font l'admiration des connaisseurs. Et l'on croirait pouvoir sortir aujourd'hui de cette réserve et élever des prétentions de propriété auxquelles on n'a pas songé depuis vingt-trois ans ! Nous le répétons, nous croyons ce bruit sans fondement sérieux, et l'esprit d'équité et de sagesse administrative de notre Conseil Municipal nous sont trop connus pour que nous ayons pu y donner un seul instant créance.

Est-ce à dire pour cela que l'Administration et le Conseil de la cité n'aient rien à voir dans la destination à donner à ce monument du patriotisme reconnaissant des Bordelais ? Telle n'est pas notre pensée. Nous croyons, au contraire, qu'il appartiendrait aux hommes de cœur et d'intelligence, à qui les suffrages de leurs concitoyens ont confié l'honorable mandat de défendre nos intérêts dans le Conseil de la cité, de demander enfin l'érection de la statue de ce Roi devant lequel s'inclinent douloureusement tous les partis, et aux sublimes vertus duquel tout honnête homme rend hommage.

Le Conseil Municipal a plus que le droit de

commander que cette statue occupe une place au
sein de la ville pour laquelle elle est faite, et où
elle ne trouverait que des yeux charmés et res-
pectueux. Et qu'est-ce qui pourrait s'opposer à
cette érection? Le Gouvernement? Le craindre ou
le supposer, ce serait comprendre bien mal la voie
dans laquelle il a voulu entrer.

L'Empereur Napoléon III a dit formellement
qu'il ne répudiait aucun des pouvoirs passés; et
nous avons vu, il y a peu de jours, un écrivain
très-dévoué au Gouvernement, M. de la Guéron-
nière, présenter Napoléon III comme l'héritier
politique de Henri IV et de Louis XIV.

Il ne saurait donc entrer dans les vues et les
idées du chef de l'Etat de proscrire, à l'exemple
de la Révolution de Juillet, l'hommage rendu par
une statue à la mémoire de l'auguste victime du
21 Janvier. Protester contre le régicide le plus
exécrable qui ait excité l'horreur de l'histoire et
des peuples, ne saurait certainement déplaire à
une tête couronnée et à un Gouvernement qui
veut faire revivre les traditions de l'ordre et de
l'autorité. Sont-ce les circonstances politiques qui
pourraient y faire obstacle? Mais jamais, au contraire, les circonstances n'ont été plus favorables
à cette réparation du plus détestable des attentats.

Nous venons d'échapper à la faction révolutionnaire qui avait pris pour modèles les assassins de Louis XVI. L'abîme où la tête de ce père du peuple tomba, a failli se rouvrir sous nos yeux. Jamais nous n'avions mieux compris les affreuses doctrines qui élevèrent l'échafaud du 21 Janvier et couvrirent la France de sang et de ruines. Jamais l'auguste victime de la démagogie de 93 ne nous avait inspiré plus d'attendrissement que dans ces jours où l'on craignit de voir renaître la scélératesse des monstres qui l'immolèrent.

Les circonstances politiques semblent s'être produites tout exprès pour plaider la cause du Roi martyr : elles ont montré par qui et pourquoi ce Restaurateur des libertés publiques, comme l'appelait la Nation en 1789, avait été conduit sous la main du bourreau.

Les circonstances politiques, non-seulement ne s'opposent pas à l'érection de ce monument d'expiation, mais elles le réclament impérieusement. L'esprit public est en réaction contre les idées révolutionnaires ; il l'a prouvé d'une façon non équivoque. Il veut non-seulement l'autorité, mais les traditions qui la constituent. Il veut le respect du passé dans tout ce qu'il a de grand et de glorieux. Il rend justice à la Royauté, et parmi ceux qui en ont été la personnification, il n'en est aucun qu'il porte plus haut dans son estime et dans ses regrets que Louis XVI.

Les écrivains les moins suspects semblent, depuis quelque temps, s'être entendus pour payer leur tribut d'admiration à ce Prince, aussi grand par ses vertus que par ses malheurs. M. Méry, autrefois le poète des souvenirs révolutionnaires, est venu, il y a peu de jours, incliner sa plume devant cette pieuse et immortelle mémoire, et la venger des critiques imméritées dont elle a pu être l'objet.

Et qui s'étonnerait de ce retour des partis les plus égarés, quand il s'agit d'un Roi qui a tant fait pour la France, pour les libertés publiques et pour tous les intérêts qui importent le plus aux villes comme la nôtre?

N'est-ce pas lui qui a rendu notre marine si redoutable à la fin du dernier siècle? N'est-ce pas lui qui, par ses amiraux d'Estaing, de Grasse, Lamothe-Piquet, le Bailli de Suffren, a porté de si rudes coups à l'Angleterre sur les mers? N'est-ce pas lui qui a arraché les Etats-Unis à la domination anglaise? N'est-ce pas lui qui a bâti la rade de Cherbourg pour y faire des armemens dont le but était de ruiner les possessions britanniques dans l'Inde? N'est-ce pas au développement que Louis XVI avait donné au commerce maritime, que Bordeaux a dù la prospérité commerciale dont il a joui pendant toute la durée de son règne?

Les circonstances politiques! c'est là une raison qu'on a pu invoquer pendant les dix-huit années que la Révolution de Juillet a été maîtresse du pays. L'insurrection, qui avait démoli le trône des héritiers de Louis XVI, ne voulait pas qu'aucun hommage fùt rendu à la victime du 21 Janvier; la Révolution était logique; et cependant, il faut lui rendre cette justice, elle eut assez de pudeur pour respecter la statue de Louis XVI, élevée à Nantes, et à laquelle la Démocratie de Février elle-même n'a pas touché.

La politique des démolisseurs de trônes n'est pas celle des amis de l'ordre et de l'autorité. Le Conseil Municipal de Bordeaux ne compte que de ces derniers dans son sein; comment donc croire que non-seulement il pourrait être contraire à l'érection de la statue de Louis XVI, mais qu'il consentirait à aliéner, au profit des Musées de Paris, un monument payé par des souscripteurs qui en ont voulu, qui en veulent encore l'érection?

Non, non, nous ne croyons pas trop présumer des sentimens de justice et de convenance des re-

présentans de notre cité, en assurant qu'ils ne
permettront jamais un échange qui ne peut être
accompli sans préjudice des droits d'une propriété
d'autant plus sacrée, qu'elle est due à l'inspira-
tion de la reconnaissance pour le meilleur de nos
Rois. Aussi, avons-nous la ferme confiance que
le Gouvernement, d'accord avec notre Conseil
Municipal pour l'érection de cette statue, lui don-
nera au sein de notre cité la place qu'elle attend
depuis 1830.

Nous avons dit que nous ne pouvions trouver
d'empêchement du côté du Gouvernement, pas plus
que du côté des circonstances politiques, pour cet
hommage public au meilleur comme au plus infortuné des Rois, et nous ajouterons ici qu'il ne
saurait nous en venir du côté de M. de Niewerkerque, à la haute intelligence duquel est confiée
la direction des Beaux-Arts et des Musées.

M. de Niewerkerque n'est pas seulement, en effet, un artiste éminent ; c'est, de plus, un homme
de cœur et de goût, qui aime le bien et le beau,
et qui est heureux de le prouver toutes les fois
que l'occasion lui en est offerte. Il ne laissera certainement pas échapper celle de rendre à Bordeaux

un magnifique monument qu'il attend depuis vingt-trois ans, et dont il n'a été privé que par suite d'une Révolution qui était le renversement de tous les principes d'ordre et d'autorité.

Nous ne croyons pas trop présumer des sentimens élevés de M. de Niewerkerque en les supposant tout-à-fait favorables à l'érection de la statue de Louis XVI, non-seulement sous le rapport de l'art, mais encore sous celui des idées patriotiques qui ont inspiré les souscripteurs auxquels nous la devons. M. de Niewerkerque n'est pas de ceux à qui déplaisent les glorieux souvenirs de la France et de la Monarchie; il est encore moins de ceux qui regardent comme une offense pour le pays la glorification du royal martyr que la démagogie de 93 immola sur l'échafaud du 21 Janvier.

Quant à la question d'art, qu'est-il besoin de dire qu'elle ne saurait préoccuper personne plus vivement que M. de Niewerkerque, à qui elle importe tout particulièrement, à cause de sa compétence et de la tâche qui lui est confiée.

La question d'art, qui ne peut être indifférente ici, sera amplement satisfaite par l'érection de la belle statue de Louis XVI sur une des places de notre grande cité. La statuaire exige pour ses œuvres des proportions et une perspective qu'il est impossible de méconnaître : telle statue produit un magnifique effet sur une place publique, qui n'en produirait aucun dans un Musée, et réciproquement.

Nous faisons cette observation, non pour M. de Niewerkerque, à qui on ne saurait rien apprendre à cet égard, et dont le ciseau renommé a produit des œuvres qui, sous tous les rapports, peuvent servir de modèles, mais pour ceux qui auraient pu songer, d'après le bruit auquel nous faisions allusion plus haut, à proposer un échange dont le résultat serait de placer la grandiose statue de Louis XVI dans l'étroit espace d'un Musée.

On reproche aux spacieuses places de Bordeaux d'être dépourvues de monumens et de paraître trop vides; et l'on songerait à se dessaisir d'une statue qui, par sa beauté artistique comme par ses proportions monumentales, ferait l'admiration de tous! Nous ne pouvons admettre qu'une pareille idée soit sérieusement entrée dans l'esprit des hommes à qui est confiée la mission de défendre nos intérêts nombreux et divers; nous avons pour cela trop bonne opinion de leur intelligence des besoins de notre cité, et de leur désir de contribuer à lui donner les embellissemens qui lui manquent encore, et que réclame le rang qu'elle

occupe parmi les villes considérables, non-seulement de France, mais d'Europe.

A toutes les considérations que nous venons de
faire valoir en faveur de l'érection de la statue
de Louis XVI, nous devons en ajouter une
autre qui a bien aussi sa portée. Nos plus beaux
quartiers ont été en partie construits et terminés
sous le règne de ce Roi modèle, qui étendait sa
sollicitude partout et sur toute chose. L'architecte
Louis, à qui Bordeaux est redevable de son incom-
parable théâtre et de tant d'autres constructions
aussi nobles qu'élégantes, n'était-il pas en quelque
sorte un des ouvriers de Louis XVI, et n'est-ce pas
sous la protection de ce Prince qu'il a pu exécuter les chefs-d'œuvre dont Bordeaux est enrichi?

Nous n'avons pas la statue de l'architecte
Louis, et c'est d'autant plus à regretter, que
nous avons celle de Tourny ; mais son buste est
offert aux regards du public dans le vestibule du
splendide monument que l'on doit à son génie.
Louis XVI n'a pas plus de buste que de statue au
sein d'une cité à laquelle il donna une longue
prospérité commerciale et maritime, et dont la
magnificence architecturale porte en tant d'en-
droits le millésime de son règne.

Bordeaux ne peut être coupable ni d'oubli ni

d'indifférence pour un Roi qui a tant de droits à
sa reconnaissance. Bordeaux a voulu le prouver,
quand un si grand nombre de ses enfans ont gé-
néreusement souscrit pour que la statue de
Louis XVI fût érigée dans nos murs. Cette statue
attend depuis vingt-trois ans sa place, d'où l'ont
écartée des passions politiques, que tout honnête
homme doit répudier, et qui sont incompatibles
avec la stabilité de l'ordre et de la paix publique.

Que cette statue soit donc rendue à la ville de
l'éloquent Bordelais qui disputa la tête du plus
juste des hommes, du plus paternel des Rois, aux
bourreaux dont les crimes ont ensanglanté notre
glorieuse histoire.

Il ne s'agit point ici d'une manifestation de
doctrines politiques. Bien insensé ou bien coupable serait celui qui songerait à élever sur le piédestal de ce monument de la reconnaissance bordelaise, la représentation de telle ou telle opinion,
l'image de tel ou tel parti. Louis XVI n'est pas
seulement la personnification la plus pure et la
plus malheureuse de la Monarchie dans le passé;
il est aussi le Souverain dont Bordeaux a reçu le
plus de bienfaits, comme va l'établir notre colla-
borateur M. Henry Ribadieu. C'est à ces titres
seuls que nous exprimons, du fond de notre

cœur, le vœu de voir la statue de l'immortelle victime du 21 Janvier recevoir dans notre ville la destination qu'avaient en vue les souscripteurs auxquels nous la devons.

Bordeaux, qui, depuis un demi-siècle, se plaint de sa décadence, qui adresse à tous les pouvoirs d'incessantes et pressantes réclamations, sait-il ce qu'il était sous Louis XVI? Sait-il ce qu'il dut à ce Roi qui releva notre marine, fit fleurir notre commerce, et porta, par ses glorieux amiraux, le renom de nos armes jusqu'aux plus lointains rivages? C'est ce que l'on se propose de rappeler, en faisant l'histoire de Bordeaux pendant les années qui ont précédé la Révolution. Le sujet que M. Henry Ribadieu traite ici nous paraît de nature à intéresser vivement les lecteurs, et à justifier de tous points l'insistance que nous mettons à demander l'érection de la statue de l'auguste martyr qui a tant de droits à notre douloureuse reconnaissance.

Il n'y aura plus de partis devant cette royale image; il n'y aura que des cœurs français, heureux de cette glorification d'un Prince dont la mort fut un triple attentat contre la Monarchie, contre l'humanité et contre la Nation.

Justin DUPUY.

HISTOIRE DE BORDEAUX

PENDANT

LE RÈGNE DE LOUIS XVI.

---

§ I.

SOMMAIRE. — Avant-propos. — Aperçu général de l'état de la province sous le règne de Louis XVI. — Histoire politique de Bordeaux. — Réintégration du Parlement de Guienne. — Question des alluvions de la Garonne. — Résistance et exil du Parlement à Libourne. — Tendances de l'esprit public.

Il y a quelques jours, une polémique heureuse est venue réveiller parmi nous un pieux et royal souvenir.

Les Bordelais se sont rappelés qu'en d'autres temps, plusieurs de leurs concitoyens s'étaient réunis pour élever au roi Louis XVI un monument d'éternelle mémoire. — Ils se sont souvenus que la statue de l'auguste martyr attendait depuis plus de vingt ans la place qu'elle devrait occuper sur l'hémi-

2

cycle des Quinconces. Bien que le rédacteur en
chef de *la Guienne* ait eu l'initiative de ce mouvement qui anime aujourd'hui l'opinion publique,
nous ne croyons pas être en dehors de la vérité en
disant que les nobles sentimens dont il s'est fait l'in-
terprète sont partagés par l'unanimité de la population.

En élevant une statue à Louis XVI, les Bordelais ne sacrifieront pas à un intérêt de parti. C'est
un sentiment de reconnaissance qu'ils exprimeront
pour un prince dont le règne a ouvert à Bordeaux
une ère de grandeur et de bien-être que notre cité
n'a depuis qu'imparfaitement reconquise.

C'est cette page de notre histoire nationale, un
peu trop oubliée, que nous allons essayer de faire
revivre.

Le moment, du reste, nous semble ne pouvoir
être plus favorable à l'accomplissement de l'œuvre
que nous osons entreprendre.

Les Bordelais qui étaient nés avec le siècle de
Louis XVI sont successivement descendus dans la
tombe; les rares survivans de cette époque, les derniers hommes qui aient gardé quelque mémoire ou
quelque trace de cet ancien et respectable régime, ne
tarderont pas, eux aussi, à disparaître à leur tour.
Nous avons donc pensé que l'heure était venue de
faire appel à leurs souvenirs expirans et de re-
composer, soit avec leur aide, soit avec le secours

des livres et des traditions contemporaines, la physionomie de Bordeaux pendant ce règne qui s'ouvrit à tous sous de si heureux présages, et qui cependant, par la faiblesse de quelques-uns et par
l'aveuglement du plus grand nombre, s'éteignit
dans un abîme de sang.

Nous n'avons pas à nous inquiéter ici des faits
généraux de l'histoire d'alors; nous n'avons pas
davantage à nous appesantir sur les actes privés de
l'administration locale; ce que nous avons à raconter, dans ces quelques pages, c'est l'histoire de la
prospérité et de l'esprit du temps.

Ce que nous voulons dire, c'est l'influence que
le règné de Louis XVI eut sur la fortune des Bordelais, sur leur industrie, sur leur navigation, sur
leur commerce, sur leur amour pour les arts et
pour les belles-lettres; ce que nous essaierons enfin
de peindre, c'est cette espèce de lien mystérieux qui
rattacha si souvent le gouvernement et la destinée
du roi à la destinée de la Gironde elle-même. —
C'est cette sorte de sympathie secrète qui, à diverses reprises et pendant les plus mauvais jours de
la révolution, rapprocha Louis XVI des Girondins,
et lui fit chercher des amis parmi eux.

Mais les Girondins, hélas! persistèrent dans leur
coupable aveuglement; ce fut seulement à la dernière
heure qu'ils aperçurent l'abîme; quelques-uns d'entr'eux songèrent alors à sauver ce roi qui avait

voulu, sur le déclin de sa puissance, leur confier la restauration de la Monarchie; on sait le résultat de leur tentative : eux qui avaient été si violens dans l'attaque, se montrèrent faibles, timides et irrésolus dans la défense; ils échouèrent et ne retrouvèrent du courage que pour mourir sur l'échafaud, où était monté avant eux, et par leur faute, ce roi bon, juste, ami des sages réformes, et bienveillant pour tous, qu'ils n'avaient pas su comprendre assez tôt.

Notre ville jouit en France d'une position tellement exceptionnelle; par les produits de son sol, par la douceur de son climat, par les besoins de son commerce, elle diffère si complètement des pays situés au-delà de la Loire; ses intérêts ont heurté si souvent les intérêts contraires du Nord, que l'histoire générale, — faite le plus souvent par des écrivains septentrionaux et imbus des préjugés communs à tous les habitans de Paris, — a, dans ses appréciations, presque toujours dénaturé l'histoire locale.

C'est ainsi que, depuis la fin de la domination anglaise, le règne de Louis XI, et après lui celui de Louis XV, ont été pour Bordeaux, — ce dont on

ne se doute certainement pas à Paris, — deux
époques heureuses et fécondes en institutions. L'esprit du règne de Louis XVI, assez justement appré-
cié par les Parisiens et les hommes du Nord, a été
cependant peut-être mieux compris encore par
les Bordelais ; non pas que nous ayons la prétention ridicule de jouir d'une pénétration plus
grande, mais bien parce que le génie particulier
à Louis XVI entraînait ce prince vers les entreprises
commerciales et maritimes, parce que ses réformes
étaient toutes économiques, et que Bordeaux, qui
était alors la ville la plus commerçante du royaume,
devait nécessairement en recueillir les premiers et
les plus importans avantages.

——

Le 18 mai 1774, les Jurats de Bordeaux adres-
sèrent à toutes les villes filleules de la leur la
lettre suivante :

« Messieurs, le roy Louis XVI, nouvellement ré-
» gnant, nous ayant fait l'honneur de nous informer
» de la mort du feu roy Louis XV son ayeul, nous ne
» perdons pas un instant à vous en donner avis,
» ainsi qu'à toutes les villes filleules de Bordeaux,
» afin que vous vous unissiez à nous dans les senti-
» ments de fidélité et de soumission que nous de-
» vons au nouveau roy.... »

Signé CHAVAILLE,
écuyer, clerc de ville.

C'était une jeune royauté pleine de promesses et d'avenir qui venait de prendre possession du pouvoir. La nouvelle fut accueillie à Bordeaux et dans tout le reste de la Guienne par des témoignages d'allégresse et de félicité publiques. — Les espérances que fit concevoir aux Bordelais l'avènement du nouveau roi ne furent pas déçues.

Le 2 mars 1775, le Parlement de Bordeaux, que Louis XV avait supprimé parce que les membres se refusaient à l'enregistrement de quelques édits, fut rétabli solennellement par Louis XVI.

Les conseillers envoyés en exil furent rappelés; ils rentrèrent à Bordeaux, le premier président Leberthon à leur tête; et, sur l'ordre du roi, le duc de Mouchy, commandant de la province, procéda lui-même à leur réintégration. De grandes démonstrations de joie, disent les mémoires du temps, accueillirent le rétablissement de cette assemblée, dont la province devait l'institution à Louis XI.

Le Parlement rétabli ne tarda pas longtemps à se faire connaître.

En 1781, une discussion s'éleva entre lui et le Tribunal des eaux et forêts, à propos des attérissements qui s'étaient formés dans la Gironde et dans la Garonne; — le tribunal soutenait les prétentions du gouvernement; le Parlement, de son côté, défendait les droits que les propriétaires riverains pouvaient avoir sur les terrains contestés.

Le Parlement de Bordeaux, après avoir énergiquement refusé d'enregistrer les arrêts du Conseil
d'Etat qui étaient tout-à-fait favorables à l'administration forestière, adressa à Louis XVI une adresse
des plus pressantes.

Cette pièce est d'autant plus curieuse que le mot
d'*états généraux* y fut prononcé pour la première
fois en France, et d'une façon en quelque sorte
officielle. La Cour de Bordeaux fut appelée à
Versailles le 29 juillet 1786; — le roi, toujours
bienveillant, reconnut la justice des réclamations qui
lui étaient faites, et fit transcrire sur les registres du
Parlement une déclaration par laquelle le droit de
propriété des riverains était consacré et se trouvait
ainsi à l'abri de toute contestation.

Le Parlement de Bordeaux, que nous ne voulons
du reste nullement incriminer, et dont nous aimons
au contraire à reconnaître l'indépendance et la
fierté, avait subi cependant depuis quelques années l'influence de l'esprit philosophique, qui faisait à cette époque de cruels ravages.

Il était de mode et de bon ton alors de refuser
l'enregistrement des édits royaux; quels que fussent
ces arrêts, on saisissait avec empressement le moindre prétexte et le plus petit défaut de forme pour
en refuser la légalisation.

Un prétexte de cette nature s'offrit en 1787 au
Parlement de Bordeaux, qui refusa d'enregistrer un

édit relatif à la création de l'Assemblée provinciale du Limousin. Cette dernière Assemblée ayant voulu se réunir, malgré le refus de l'enregistrement, le Parlement de Guienne interdit la réunion par arrêt du 8 août. — C'est à la suite de cet acte de résistance et d'opposition assez inexplicable, que le Parlement fut exilé à Libourne, où il resta jusqu'au mois de juin de l'année suivante.

A la même époque, et pendant le séjour du Parlement à Libourne, il y eut encore à Bordeaux quelques débats assez vifs, à propos de la prolongation des pouvoirs donnés aux Jurats, dont l'autorité était expirée.

Tous ces tiraillemens trahissaient la présence des premiers levains révolutionnaires qui fermentaient alors. Si nous les rapportons ici, c'est que nous avons voulu donner, autant que possible, une juste idée de cette époque, et faire ressortir par les faits le contraste étrange qui existait entre le bien-être matériel, la culture des esprits, le développement de la civilisation, et le caractère néanmoins si inquiet et si tracassier des hommes de ce temps.

Mais ce n'étaient là, nous le répétons, que les effets de l'agitation générale qui commençait à pervertir les meilleures intelligences. Les petites résistances du Parlement ne portaient heureusement aucune atteinte à la fortune commerciale et industrielle de Bordeaux, qui était, on peut le dire, arrivée alors

à son apogée, grâce au gouvernement à la fois si
paternel et si généreux de Louis XVI.

Ce qui doit nous préoccuper surtout, c'est donc
la prospérité que le gouvernement de ce roi ami
du commerce, de la marine et du peuple, sut donner à Bordeaux. Ce qu'il faut envisager, c'est le
développement que prit le haut négoce ; c'est la
douce liberté individuelle dont jouirent toutes les
classes de la société ; c'est le culte tout particulier
que l'on accorda aux arts et aux belles-lettres ; ce
sont enfin les institutions utiles qui furent fondées
dans notre ville pendant cet intervalle de seize à
dix-sept ans.

§ II.

Il n'est pas un de nos concitoyens qui ne sache que le Grand-Théâtre a été bâti sous Louis XVI. Nous n'insisterons donc pas sur les avantages que notre cité a trouvés dans la construction de ce magnifique édifice. — La première pierre en fut posée le 13 novembre 1773 et l'inauguration eut lieu le 7 avril 1780 ; depuis lors le théâtre n'a cessé d'être ouvert aux habitans et à la foule considérable d'étrangers qu'il a contribué à attirer dans le sein de notre ville.

Le célèbre Louis en fut l'architecte; mais d'autres artistes que lui contribuèrent, soit à l'érection de l'édifice, soit à la disposition et à l'embellissement de la salle. Nous pensons remplir un acte de justice en conservant le nom de quelques-uns d'en-tr'eux.

Ainsi, les travaux de construction furent dirigés par le sieur Dufart ; le machiniste Niquet exécuta le mécanisme du théâtre et la coupe de la charpente.

Le grand plafond de la salle, représentant un sujet allégorique, fut l'œuvre de Robin de Paris, peintre distingué de ce temps. Enfin, Titu et Vendandris s'occupèrent des sculptures ; Berruer, sculpteur de Paris, leur fournit les modèles.

Quinze décors complets furent exécutés à cette même époque et devinrent la propriété de la salle de spectacle.

La liste en est assez curieuse pour que l'on trouve peut-être quelque intérêt à la connaître. — Elle pourra en même temps nous donner une idée de ce qu'était une mise en scène à la fin du XVIIIe siècle.

Il y avait ce que l'on appelait :

Le *Grand Palais,*
Le *Salon,*
La *Chambre rustique,*
La *Place publique,*
Le *Désert,*
Le *Vestibule,*
Et le *Palais brillant.*

Ces premières toiles furent peintes par le célèbre Berinzago, décorateur particulier du spectacle.

Les autres étaient désignées sous le nom de :

La *Chambre de Molière*,
Le *Temple*,
Et la *Prison*.

Celles-là furent produites par le peintre Lemaire.

Ce fut le sieur Retou qui se chargea des cinq dernières, que l'on désignait ainsi :

Le *Jardin*,
Le *Hameau*,
Les *Champs-Elysées*,
La *Forêt*,
Et l'*Enfer*.

Tels étaient les décors qui devaient, pour ainsi dire, compléter l'ameublement de la salle et satisfaire à toutes les exigences du répertoire.

Si l'on se reporte au temps, si l'on songe aux difficultés qu'il avait fallu vaincre et aux sacrifices que l'on avait dû s'imposer pour produire, à une époque où les arts étaient moins répandus qu'aujourd'hui, un aussi grand nombre de tableaux ; si l'on tient compte enfin de l'éloignement de Paris et de l'ignorance relative dans laquelle étaient plongées beaucoup de provinces, on sera bien obligé de reconnaître que le Roi sous le règne duquel les habitans de Bordeaux pouvaient réaliser de semblables constructions, a bien quelque droit à leur reconnaissance.

Le goût des arts était alors tellement général dans notre ville, que des associations nombreuses se formèrent dans le but d'en favoriser le développement. Parmi les plus remarquables, on distinguait la fameuse *Académie de peinture, sculpture et architecture civile et navale de Bordeaux*, dont la *Société des Amis des Arts* actuelle, quel que soit son développement et son avenir, ne peut cependant nous donner encore qu'une bien imparfaite idée.

' Cette Académie devait son origine au patriotisme de quelques artistes et d'un petit nombre d'amateurs, qui en jetèrent les premiers fondemens ; elle se soutint ainsi quelques années par elle-même, mais ce fut en 1779 seulement qu'elle reçut de Louis XVI une existence légale. Le Roi lui donna des lettres patentes et la mit sous la protection de M. d'Angeviller, directeur des bâtimens royaux, arts, académies et manufactures de France.

L'Académie de peinture s'assemblait ordinairement deux fois par mois, et tenait, chaque année, deux séances solennelles. Elle avait institué des écoles de dessin, de bosse et de copie d'après nature, qui s'ouvraient tous les jours pendant deux heures. Deux fois la semaine, il y avait un cours d'architecture et de géométrie; des grands prix, et des prix d'émulation, étaient distribués annuellement à cha-

que classe, et une [exposition avait lieu enfin tous
les deux ans, dans un salon spécial, où étaient réunis les morceaux de peinture, de sculpture et d'architecture composés, soit par les maîtres, soit par
les.élèves de l'Académie.

Les fonds nécessaires à l'entretien de l'école étaient
fournis par MM. les Jurats, fondateurs de l'œuvre.

Les académiciens en charge en 1784 étaient :

MM. Laffon de Ladebat, directeur ;
     Lacour, recteur ;
     Lavau, adjoint recteur ;
     Larroque, trésorier ;
     Batanchon, secrétaire perpétuel ;
     Et l'abbé Sicard, adjoint secrétaire.

Telle était la composition et l'organisation de l'A-
cadémie de peinture. Favorisée par Louis XVI, elle
popularisa dans Bordeaux l'étude des beaux-arts.
Elle avait déjà obtenu de grands succès et formé de
précieux élèves, lorsque la Révolution vint ren-
verser et l'Académie et le Roi qui l'avait prise sous
sa protection.

En 1783, une seconde association artistique s'é-
tait formée sous les auspices de M. Dupré de Saint-
Maur, intendant de Bordeaux, qui lui céda la salle
de concert de son hôtel pour en faire le lieu de ses
réunions.

Cette société prit le nom de *Musée;* — elle avait des

séances périodiques dans lesquelles on s'occupait de littérature, d'art et de musique; elle donnait tous les ans des concerts qui étaient extrêmement recherchés. Mais, comme l'Académie de peinture, le Musée tomba en 1793 avec l'ancien régime et tout ce qu'il y avait eu jusqu'alors de beau, de grand et de noble dans la ville.

Les institutions artistiques n'étaient pas les seules qui eussent, à cette époque, le don d'obtenir la faveur du Roi. Louis XVI patronait aussi de tout son pouvoir la création des institutions philanthropiques à Bordeaux.

La fondation de l'*Ecole des Sourds-Muets*, qui rend aujourd'hui tant de services à notre cité, peut avec quelque raison être mise au nombre de ces dernières.

Cette école fut ouverte pour la première fois au mois de janvier 1786; elle avait à sa tête un digne et savant ecclésiastique M. l'abbé Sicard, celui-là même qui remplissait les fonctions de secrétaire-adjoint de l'Académie de peinture. M. l'abbé Sicard, guidé et soutenu par Msr de Cicé, archevêque de Bordeaux, avait fait le voyage de Paris pour apprendre de M. l'abbé de l'Epée l'ingénieuse méthode que ce dernier appliquait à l'instruction des sourds-muets.

C'est cette méthode que l'abbé Sicard apporta à Bordeaux et qu'il mit si heureusement en usage.—

Plus heureuse que les autres, l'institution des Sourds-Muets a survécu à la Révolution et jeté dans Bordeaux les fondemens durables, d'où est sortie l'école actuelle, placée sous la direction, à la fois si intelligente et si paternelle, de M. Morel; c'est donc encore au règne de Louis XVI que nos concitoyens d'aujourd'hui doivent cette admirable et sainte institution.

En 1781, c'est-à-dire quelques années avant l'établissement de cette école, une autre association, connue sous le nom de *Société philanthropique,* s'était formée dans le but de distribuer des secours aux familles nécessiteuses; quoique moins brillante qu'une foule d'autres, cette société ne laissa pas de soulager modestement de bien obscures et de bien lamentables misères. Malheureusement, elle fut, elle aussi, entraînée comme les autres par la tourmente démocratique : elle périt l'une des premières, en 1791.

Parmi les institutions de bienfaisance, nous pouvons encore citer les loges maçonniques; pour la plupart, elles se firent, alors du moins, connaître à Bordeaux par leur sollicitude envers les malheureux.

Voici la liste de ces loges qui prirent naissance sous le gouvernement protecteur de Louis XVI :

La loge d'*Aquitaine,* fondée en 1781.

La loge de la *Sincérité*, fondée en 1784.

La loge de la *Candeur*, fondée en 1785.

Et la loge de l'*Essence de la Paix*, fondée en 1787.

Pendant que d'un côté des établissemens utiles s'organisaient, de l'autre des citoyens remarquables par leur talent littéraire, industriel ou scientifique, se faisaient connaître.

On savait que Louis XVI aimait les mécaniciens, les hardis navigateurs, les savans et les économistes; aussi les économistes, les savans, les mécaniciens et les hardis navigateurs ne tardèrent pas à se montrer.

Bordeaux éprouva, l'une des premières, les bienfaisans effets de cette influence. Des hommes d'un véritable talent, qui étaient restés presqu'inconnus jusqu'alors, se révélèrent à leurs concitoyens.

En 1775, le fondeur Turmeau avait déjà montré tout ce que pouvaient produire les métiers et les arts, en fondant la grosse cloche de l'Hôtel-de-Ville.

La mise en place fut un véritable évènement pour Bordeaux. La fonte de ce magnifique bourdon, qui est cité dans toutes les satistiques de France et d'Angleterre comme un des plus beaux de l'Europe, avait eu lieu à la Maison de Force, dans le voisinage de l'église Sainte-Croix. Le 3 septembre, la cloche fut placée sur un immense traîneau construit pour cet usage et traînée par quatorze paires de bœufs jus—

que dans la rue Saint-James , où se trouvaient les apparaux nécessaires à son installation.

Cette opération gigantesque s'accomplit au milieu d'une foule immense ; la cloche fut hissée en cinquante-deux minutes, et de bruyantes acclamations saluèrent son entrée dans le beffroi.— Elle avait 17 centimètres d'épaisseur, 2 mètres de hauteur et 5 mètres 50 centimètres de circonférence.

C'est cette même cloche que nous possédons actuellement. —Sur les flancs du bourdon, on lit l'inscription suivante :

Cette cloche a été faite
par Jean-Jacques TURMEAU fils aîné,
et aidé de Jean TURMEAU son frère, sous la conduite
de Jacques TURMEAU père, fondeurs de la ville ,
le 25 juin 1775.

Sur toute l'étendue du pourtour, sont gravés six panneaux dans lesquels on voit encore une légende ainsi conçue :

Convoco Arma	signo dies	noto horas	compello nubila	concino lœta	ploro rogos.

La cloche est ornée des armes du Roi, de la ville, de M. le maréchal duc de Richelieu, de Mme la duchesse d'Aiguillon et de M. le maréchal duc de Mouchy.

Le son en est si pur et si bien timbré, que, lorsque l'atmosphère s'y prête et que le vent porte, le tocsin se fait entendre jusqu'à sept ou huit lieues.

On peut voir enfin, par la finesse des sculptures dont elle est garnie, et par l'élégance de ses proportions, si les fondeurs qui la fabriquèrent méritent le souvenir que nous leur donnons aujourd'hui (1).

L'année 1784 se signala à Bordeaux par le nombre d'inventions et de tentatives de toutes sortes qui se produisirent. — Nous mentionnerons seulement celles qui durent à la hardiesse des moyens ou à la publicité dont elles furent entourées, une grande et juste célébrité.

Ainsi, au milieu de l'été de 1784, on vit un homme sachant à peine nager, se jeter dans la Garonne, se laisser aller au courant, et flotter cependant sans effort sur le fleuve. Cet homme était Corday, l'inventeur du *corset de liége* : il venait lui-même de mettre publiquement à l'épreuve son gilet de sauvetage et d'obtenir le plus brillant succès.

(1) Les temps sont bien changés. L'année dernière, lorsqu'il s'est agi de doter la tour de Pey-Berland d'un clocher digne de la Cathédrale, on n'a pas trouvé, sans doute, à Bordeaux, de fondeurs capables de l'exécuter; car on a été obligé d'avoir recours aux industriels du Mans. Le nouveau bourdon a été fondu, il y a quelques jours seulement, dans cette ville, où il fait, dit-on, l'admiration de tous les connaisseurs.

Presque à la même époque, trois savans, MM. Chalifou, Desgranges et Darbelet, s'élevaient dans les airs au milieu d'une foule émue, et qui assistait pour la première fois à ce surprenant spectacle. L'aérostat, construit par ces intrépides voyageurs et monté par eux, exécuta deux ascensions. Ils partirent successivement de la Manufacture et du Jardin-Public, au bruit des applaudissemens de la population entière, enthousiasmée de tant d'audace. — Le premier voyage fut effectué le 16 juin 1784; le second eut lieu le 26 juillet suivant. — Ces deux trajets furent d'ailleurs des plus heureux et des plus riches en observations de tout genre.

La poésie, les belles-lettres, la philosophie et l'économie politique, eurent aussi, à cette même époque, de célèbres représentans.

Deux des meilleurs médecins de Bordeaux, Barbeguière et Capelle, se firent une certaine réputation : le premier, par un ouvrage intitulé : *La Maçonnerie mesmérienne,* où les supercheries des disciples de Mesmer et de tous les partisans du magnétisme étaient vivement mises au jour ; le second, par un *Mémoire sur le meilleur régime des Hôpitaux;* ce dernier ouvrage fut couronné en 1787 par l'Académie des Sciences de notre ville.

La question de l'établissement des fontaines, qui intéresse aujourd'hui à un si haut degré la population bordelaise, préoccupait déjà les hommes spé-

ciaux du temps. — Le pharmacien Alphonse, et
Blanc, professeur d'hydrographie, s'attachèrent
plus particulièrement à en faire l'étude. Alphonse publia, en 1777, une analyse des eaux de
sources de Bordeaux et des environs. Dix ans plus
tard, Blanc aborda directement la matière en rédi-
geant sur les fontaines un mémoire qui, tout en
renfermant sans doute quelques imperfections, a
cependant servi de base à ceux qui ont été publiés
depuis cette époque (1).

Les historiens, les littérateurs et les poètes bordelais se firent également connaître par des pro-
ductions qui n'étaient pas sans mérite. Cizos Duplessis avait écrit en 1775 un poëme de circonstance intitulé : *Histoire poétique du Parlement*, et
qui dut son succès à la réintégration du Parlement
de Guienne, dont il a été question au commencement de ce travail.

(1) Cet ouvrage était intitulé : *Mémoire sur la possibilité
d'établir à Bordeaux un nombre suffisant de fontaines* ; il
fut rédigé, sur la demande de l'administration municipale,
par MM. Blanc, Larroque, Thiac, et Bonfin, architecte de
la ville ; il parut le 7 mai 1787. C'est le premier mémoire
sur la question qui ait été publié à Bordeaux. Il a donc
pour nous, à ce titre seul, une véritable valeur historique.
M. Blanc et ses collaborateurs proposaient d'amener à
Bordeaux les eaux des sources de Mérignac et des Car-
mes, et d'y joindre, s'il était nécessaire, la rivière de l'Eau-
Bourde.

Pendant que Cizos Duplessis chantait les conseillers et les premiers présidens de Bordeaux, l'avocat Péry traduisait l'*Aminte* du Tasse, Vigneron
composait l'*Eloge du maréchal de Biron*, et obtenait
l'honneur de le voir couronné, en 1788, par l'Académie des Sciences de Bordeaux.

Les négocians se faisaient aussi écrivains. Le
réformateur Laffon de Ladebat était de ce nombre.

Ses écrits, œuvre de ses loisirs, étaient presque
exclusivement consacrés aux finances et à l'économie
politique. L'un de ses premiers ouvrages fut son *Dis-*
cours sur la nécessité et les moyens de détruire l'es-
clavage dans les colonies, qui parut en 1788. Il ne
se doutait pas, sans doute, de la terrible réponse que l'insurrection des nègres à Saint-Domingue devait faire, quatre ans plus tard, et à son livre
et aux moyens qu'il avait proposés.

Enfin, l'histoire locale eut aussi ses interprètes.
L'insousciance que l'on semble professer aujour-
d'hui pour ce qui tient à la mère patrie n'existait
pas alors. Une foule d'hommes, laborieux et instruits, compulsaient avec patience les manuscrits
et les archives de notre province. Tout ce qui pouvait faire connaître ou accroître la gloire passée de
Bordeaux, était recherché par eux avec ardeur.
Latapie, savant véritable, mort à Bordeaux en
1823, écrivait sur le pays Bordelais une *Notice his-*

torique très-curieuse, qui n'a malheureusement jamais été livrée à la publicité.

De son côté, l'infatigable abbé Baurein travaillait sans relâche à la composition de ses VARIÉTÉS BORDELAISES, qui fournissent encore aux historiens d'aujourd'hui de précieux et d'introuvables documens; le travail auquel il dut se livrer affaiblit tellement la vue de l'auteur, qu'il lui était à peine possible, vers la fin de l'année 1784, d'en corriger les dernières épreuves.

Trois ans plus tard, l'avocat Lumière compulsait à son tour les vieilles chartes relatives à l'administration de la province, et publiait, sous le titre de *Recherches sur le Droit public et les Etats-Généraux de Guyenne*, un livre dans lequel il s'attachait à démontrer que la Guienne avait eu autrefois ses Etats particuliers.

Tels étaient les travaux historiques auxquels on se livrait alors; ce sont encore aujourd'hui ceux que nous lisons, et ceux auxquels nous avons recours toutes les fois que nous voulons nous éclairer sur les faits ou sur l'esprit des temps passés.

Nous ne pousserons pas plus loin cette revue des hommes qui illustrèrent à Bordeaux le règne de Louis XVI. Il nous suffira de citer, en passant, quelques noms illustres, et de rappeler que M. Lacour père, peintre de genre; M. Bernard, l'inventeur des machines hydrauliques; le célèbre impri-

meur Labottière; M. l'abbé Jaubert, le traducteur des
œuvres d'Ausone, et le doux et tranquille Berquin,
celui qui s'est appelé si sincèrement l'ami de l'en-
fance et de la jeunesse, appartenaient tous à cette
époque.

Ils surent acquérir sous Louis XVI l'approbation
et l'estime de leurs concitoyens ; il n'a fallu rien
moins que la terrible Révolution de 93 pour détour-
ner d'eux l'attention publique et en faire, pour ainsi
dire, des étrangers dans leur propre patrie !

§ III.

Nous venons de citer et nous citerons encore, dans le courant de cet ouvrage, les noms de ceux de nos compatriotes qui se distinguèrent sous le règne de Louis XVI, soit par leur talent, soit par la haute position qu'ils occupaient. C'est à ce titre que nous croyons devoir faire connaître quelques-uns des membres du dernier Parlement de Guienne.

Les noms de ces hommes qui assistèrent à la chute de la Monarchie et qui tombèrent avec elle, ont d'autant plus d'intérêt pour nous, que plusieurs payèrent de leur tête leur dévouement et leur fidélité à la cause royale.

De ce nombre furent :

MM. J.-B. de Fauquier.
     D'Albessart.
     De Barritault.
     Joseph Duval.
     J.-B. de Laporte-Pauliac.

Laurent de Loyac.

Jean-André de Meslon.

Martin Monsec de Raignac.

De Paty du Rayet.

De Chaperon de Terrefort.

Joseph de Lalyman.

Joseph-Dumas de Fonbrauge.

Jacques de Pelet d'Anglade.

Barthélemy Romain de Filhot, *président.*

Jean Chanseaulme [de Fonroze.

Elie-Dufaure de Lajarte, *avocat-général.*

Dudon fils, *procureur-général.*

Louis-Jacques Lassime.

Et enfin l'aïeul maternel de celui qui écrit ces lignes, Pierre Henri Dumas de Larroque, conseiller à la Grand'-Chambre depuis l'année 1766.

Comme ceux qui précèdent, il monta à son tour sur l'échafaud de la place Dauphine, où il fut exécuté le 1er messidor an II (19 juin 1794), à l'âge de 58 ans.

. . . .

D'autres membres du même Parlement furent plus heureux et durent à des circonstances inespérées, ou aux rigueurs d'un exil volontaire, le privilége d'échapper à la mort. Parmi ces derniers, se trouvaient :

MM.

Maurice de Verthamon,
Joseph de Gourgues,   *présidens.*
Arnaud de Lavie,

Jean-François de Marbotin,
Benoit d'Arche de Lassalle,
Guillaume.de Brivazac,
Louis de Barbeguière,
Amanieu de Ruat de Buch,
Hector de Brane,
Joseph Leblanc de Mauvezin,
Gabriel de Castelnau-d'Auros,
Louis-Elie de Peyronnet,   *conseillers.*
Servidie de Labat. de Savignac,
Joseph de Lamouroux,
Amédée de Marbotin de Con-
    teneuil,
De Minvielle,
François de Bergeron,
Jean de Mallet.

Voilà les noms de quelques-uns des magistrats qui eurent le douloureux honneur de fermer la liste des conseillers au Parlement de Guienne. S'il exista parfois quelque désaccord entre les membres, sur de vaines formalités législatives, ceux que nous venons de nommer se distinguèrent du moins par

l'amour de leur pays et par leur attachement pour
le Roi, qu'ils servirent jusqu'à la dernière heure (1).

Les noms de ces hommes offrent d'autant plus
d'intérêt, que la plupart d'entr'eux revivent aujour-
d'hui parmi nous dans leurs descendants et que ces
derniers sont justement entourés à Bordeaux de
l'estime et de la considération publique.

Avant d'entrer dans un ordre d'idées toutes spé-
ciales et toutes nouvelles, nous croyons que c'est
ici le moment de parler de l'une des découvertes
les plus utiles pour la Gironde dont nos annales
soient peut-être jamais appelées à conserver le
souvenir.

Il n'est pas un Bordelais qui n'aille au moins une
fois par année se délasser sur les bords du bassin
d'Arcachon et qui ne vienne oublier, au pied de ces
montagnes couronnées de pins résineux, au milieu
de ce monde presque nouveau, qu'une civilisation

(1) Aux noms que nous venons de signaler, nous pourrions joindre ceux de quelques autres membres du Parlement qui furent condamnés à mort par le tribunal révolutionnaire et exécutés à Paris : MM. Hyacinthe de Latouche-
Gauthier, conseiller; Nicolas-Pierre de Pichard, et Maurice
de Sentout, présidens, furent de ce nombre.

plus raffinée, et que le mouvement d'une grande ville, sont encore à quelques pas de lui.

Sur cette plage, aujourd'hui peuplée de baigneurs, couverte de chalets et de palais rustiques, régnaient cependant il n'y a pas encore un siècle la barbarie et la dévastation. Le moindre ouragan y soulevait des océans de sable qui s'unissaient à la longue aux vagues de la mer pour emporter ou engloutir, tantôt un village de pêcheurs, tantôt un pacage de landes, tantôt une pauvre bergerie ou un champ à demi inculte.

C'est à quelques pas de La Teste, sur ces mêmes rivages, alors solitaires et désolés, sur une de ces dunes aujourd'hui si fermes et si solides, mais si mouvantes alors, qu'on peut lire sur un tronçon de colonne en marbre noir cette inscription, sans doute connue de la plupart de nos compatriotes :

L'AN **1786**,

SOUS LES AUSPICES DE LOUIS XVI,

N. BRÉMONTIER,

INSPECTEUR-GÉNÉRAL DES PONTS-ET-CHAUSSÉES,

FIXA LES DUNES ET LES COUVRIT DE FORÊTS.

EN MÉMOIRE DU BIENFAIT,

LOUIS XVIII,

CONTINUANT LES TRAVAUX DE SON FRÈRE,

ÉLEVA CE MONUMENT EN **1818**.

Au milieu de ces dunes désertes que les révolutions de la nature ont seules visitées et que les révolutions humaines n'ont pas encore parcourues, la colonne élevée par Louis XVIII à son frère est restée debout.

Il n'a fallu peut-être rien moins que les remparts de ces montagnes de sables pour préserver ce monument si simple d'une dévastation plus implacable encore que celle des ouragans et des tempêtes, — la dévastation, la misère et la ruine qu'entraînent partout sur leur passage les haines des partis et les passions violentes des hommes!

Aussi est-ce jusqu'à ce jour le seul souvenir officiel que la Gironde ait conservé de ce monarque qui a tant fait pour elle, par les lois et par les actes de son gouvernement.

Les Landes, en effet, étaient, jusqu'à cette époque, restées infertiles. Les dunes poussées par les flots et par les vents de l'Atlantique, envahissaient, depuis des âges, lentement et impitoyablement, la terre de Buch.

Des traditions nous disent encore que des villes florissantes ont disparu devant cette invasion continue. — Les unes, telles que Noviomagum et Anchise, dorment au fond de la mer, non loin de la tour de Cordouan (1).

_____

(1) Lorsque le temps est clair et que la mer est calme, les navigateurs qui se risquent dans ces parages, aperçoi-

D'autres, telles que Mimizan, Soulac, Lavardin et Magreport, sommeillent sous le sable, où elles par-. tagent le sort de Pompeï et d'Herculanum, sans qu'elles puissent garder comme ces dernières l'espérance de jamais recevoir un jour la visite des hommes.

D'après un calcul qu'on trouve dans le mémoire de Brémontier, on faisait remonter l'époque de la formation des dunes à l'an 2,336 avant Jésus-Christ; depuis lors, l'Océan avait empiété de vingt lieues sur cette partie de la côte ; — c'était à-peu-près 60 pieds de terrain que les dunes envahissaient chaque année et que la mer recouvrait après elle. —Comme nous l'avons dit, des châteaux, des bourgades et des villes entières avaient été engloutis ; les progrès étaient si sensibles que les riverains voyaient, d'une génération à l'autre, leur patrimoine s'amoindrir insensiblement, se rapetisser, et finalement disparaître ; — la ville de La Teste elle-même, quoique plus éloignée de la mer, était menacée d'un complet anéantissement.

On allait jusqu'à préciser le siècle où Bordeaux, à son tour, serait atteint par les sables et disparaîtrait enseveli sous les dunes comme ces villes siciliennes, dont le nom même est resté un mystère que

vent, dit-on, au fond des eaux, es remparts et les tours à moitié abattues de Noviomagum.   H. R.

les laves volcaniques du Vésuve ou de l'Etna n'ont pas encore révélé.

On avait calculé qu'avant 2,400 ans, les dunes voyageuses seraient arrivées aux portes de Bordeaux et que rien alors ne pourrait protéger cette ville, qui devait ainsi partager la destinée de Mimizan ou de Noviomagum.

Les populations devenant de plus en plus éclairées, s'alarmèrent; des mémoires sur la fixation des sables, la culture et la fertilisation des Landes, affluèrent de tous les points.

L'un des plus pressans, des plus énergiques et des plus curieux à consulter, fut rédigé par l'agronome Desbiey, qui s'était occupé lui-même de l'ensemencement des dunes; il envoya son mémoire en 1776 à l'Académie de Bordeaux, qui lui accorda le prix. — En 1779, deux nouveaux projets, l'un de M. de Lorthe, l'autre de M. de Villers, furent soumis à l'examen des ingénieurs. C'est alors que le gouvernement du Roi, soucieux de tous les intérêts, chargea Brémontier, inspecteur-général des Ponts-et-Chaussées, de faire une enquête sur l'état des dunes et des Landes de la Gascogne. C'est sur le rapport de cet ingénieur que l'ensemencement des pins fut décrété et que le problème si longtemps et si vainement cherché fut enfin résolu.

C'est à ces heureux et infatigables efforts que nous devons aujourd'hui de voir un des plus beaux sites et un des plus beaux bassins du monde là où, sans Brémontier et sans Louis XVI, nous ne trouverions sans doute qu'une immense chaîne de montagnes sablonneuses, ou bien encore une lagune inondée par les vagues furieuses du cap Ferret !

Le Roi qui avait rendu à Bordeaux le Parlement de Guienne; le Monarque qui écoutait avec tant de bonté les réclamations et les adresses de ses membres; le Souverain qui leur laissait, sous un Gouvernement absolu, une liberté d'action assez grande pour qu'elle pût se traduire parfois en remontrances fort vives; le génie bienveillant qui avait donné à notre ville une académie de peinture, un musée, un théâtre, des institutions philanthropiques de tous genres, et qui venait enfin de dire à cette marée menaçante des Landes maritimes : *Vous n'irez pas plus loin;* ce génie protecteur ne devait pas borner là les bienfaits de son Gouvernement.

C'est surtout grâce à sa politique étrangère, grâce au développement que Louis XVI donna à la marine, que Bordeaux arriva, sous son règne, à un degré de splendeur dont il ne lui reste plus aujourd'hui, hélas ! que le lointain et insaisissable souvenir. — C'est l'histoire de cette fortune inouie que nous nous proposons de raconter dans les chapitres suivans.

§ IV.

Si Bordeaux fut en effet, sous Louis XVI, une ville littéraire, artistique et industrielle, ce fut surtout une ville maritime et commerçante.

Louis XVI, on ne l'ignore pas, n'était ni un philosophe ni un novateur; c'était cependant un prince à idées plus hardies que l'on ne serait peut-être tenté de le croire.

Il a été surnommé le *régénérateur de la marine française*, et c'est à juste titre, nous devons le dire, qu'on lui donna ce surnom.

Tous les loisirs de Louis XVI, les moindres heures que lui laissa la Révolution, il les employa à la restauration de la marine et au développement du commerce extérieur. En homme plus justement éclairé et plus véritablement réformateur que bien des crieurs de réforme, il avait compris que dans la liberté commerciale sagement conduite était tout l'avenir et toute la prospérité de la France.

On comprend quels immenses avantages un port comme Bordeaux devait trouver sous l'administration de ce prince.

Tous les actes de grande politique dont Louis XVI eut l'initiative, furent inspirés par ces deux grandes pensées, solidaires l'une de l'autre : faire de la France une puissance maritime, et de la marine une source de richesse commerciale.

C'est pour atteindre plus sûrement ce but que Louis XVI participa d'abord à la guerre de l'Indépendance américaine. — En favorisant la séparation des Etats-Unis et de l'Angleterre, il enleva à sa voisine le plus beau joyau de sa couronne et réduisit à des bornes plus modestes la seule puissance maritime qui pût s'opposer aux développemens de la sienne.

Louis XVI déclara donc la guerre aux Anglais pour les affaiblir d'abord, et pour avoir ensuite le droit de leur imposer la paix. — Il s'assurait ainsi le pouvoir de la faire avec les conditions qui lui paraîtraient les plus favorables à l'extension du commerce et de la marine de son royaume.

Si gigantesque et si audacieuse que fût une entreprise semblable, elle fut cependant couronnée des plus heureux résultats.

Les moyens d'action mis en usage par Louis XVI

furent si puissans, sa flotte était si bien organisée,
ses dispositions furent si bien prises, que l'on put
satisfaire à la fois à toutes les éventualités.

Au plus fort même de la guerre que l'on eut à
soutenir avec la Grande-Bretagne, la marine marchande française n'interrompit pas ses transactions.

Bordeaux, qui était au XVIIIe siècle le premier
port de France, continua, comme par le passé, cet
immense commerce avec Saint-Domingue, qui avait
fait de notre ville comme une sorte de métropole
coloniale du midi de l'Europe, où venaient affluer
tous les produits des grandes et des petites Antilles.

Bordeaux accaparait, en effet, à cette époque,
presque complètement la navigation de Saint-Domingue. Sur 294 navires consacrés à la navigation
des colonies, et qui appartenaient tous à des armateurs de Bordeaux, les deux tiers environ faisaient
en 1784 le commerce de Haïti. — Il n'était pas
un port de cette île, si petit qu'il pût être, qui ne
fût en relation directe et continuelle avec Bordeaux. Le Cap Français, le Port-au-Prince, Jacmel
Saint-Marc, les Cayes, Jérémie et Léogane, expé-
diaient chaque jour des navires en destination de
Bordeaux, et les voyaient partir pour la métropole
avec des chargemens complets de sucre brut ou
terré, d'indigo, de cacao, d'acajou et de café.

Lorsque la guerre éclata, les flottes anglaises se

portèrent dans les Antilles, soit pour intercepter les bâtimens marchands, soit pour s'emparer par surprise de quelques îles appartenant à la France.

Mais la sollicitude de Louis XVI veillait à tout : pendant qu'il jetait dans la Manche les fortifications de Cherbourg, il appelait auprès de lui ses plus grands amiraux, les faisait venir dans son cabinet, leur traçait lui-même le plan de campagne, et leur rappelait qu'ils eussent avant tout à protéger les transactions de la marine marchande dans les colonies françaises et sur toutes les mers où ils allaient faire flotter le pavillon royal.

Des escadres françaises furent ainsi envoyées à Saint-Domingue; et pendant presque toute la durée de la guerre, les convois de bâtimens qui partirent de cette île pour Bordeaux furent accompagnés jusque sur les côtes de Portugal, d'Espagne et de France, par les flottes de la marine militaire, que commandaient alors les comtes d'Estaing (1), de Guichen et de Grasse. — En 1779, M. de Guichen convoya particulièrement jusques à Cadix la

(1) Le vice-amiral comte d'Estaing fut nommé, en 1778, commandant de la flotte que Louis XVI fit partir de Toulon et envoya en Amérique. Par sa famille, qui était originaire du Rouergue, le comte d'Estaing appartenait à la Guienne. Lui-même était né au château de Rûvel, en 1720; il fut victime de la terreur, et périt sur l'échafaud en 1794.

flotte marchande de Saint-Domingue, dont les Anglais, commandés par Rodney, essayèrent vainement de s'emparer. La plupart de ces bâtimens appartenaient au port de Bordeaux; les armateurs de cette ville furent, dans cette circonstance, redevables à M. de Guichen et au Roi, qui l'avait envoyé, de la conservation d'une grande partie de leur fortune.

Parmi les chefs d'escadre qui rendirent alors de si grands services à la marine marchande, et par conséquent au commerce de Bordeaux, il n'est pas un vieux marin de notre ville qui ne se rappelle les expéditions à la fois si heureuses et si hardies du comte de La Motte Piquet.

Cet illustre navigateur était, le 28 décembre 1778, à la Martinique avec six vaisseaux délabrés, dont trois étaient en carène, lorsque les vigies signalèrent une flotte de 26 voiles, qui se trouvait poursuivie dans le canal de Sainte-Lucie par 14 vaisseaux anglais.

L'Annibal, monté par La Motte Piquet lui-même, était le seul bâtiment de l'escadre qui fût prêt à mettre à la voile. La Motte, cependant, appareilla sans hésiter, et malgré la disproportion des forces, engagea résolument le combat; il avait déjà débarrassé quelques bâtimens marchands, lorsque les deux seuls vaisseaux de son escadre qui fussent en état de prendre la mer vinrent le rejoindre : ceux-ci, pour faire plus de diligence, s'étaient donné à peine le temps de prendre la moitié de leur équipage. Soutenu par ce nouveau renfort, La Motte Piquet manœuvra avec tant d'art et de bonheur, qu'il sauva dix-sept navires et la frégate qui les escortait.

Bien que nous ne possédions pas des renseignemens assez précis pour en désigner le nombre, nous pouvons dire cependant que plusieurs des bâtimens sauvés appartenaient au port de Bordeaux (1).

Ce fut à la suite de cette guerre, terminée par la fameuse expédition de Lapeyrouse contre les établissemens anglais de la baie d'Hudson, que fut signée, le 3 septembre 1783, la paix de Versailles, et que furent posés les préliminaires du célèbre traité de 1786. Ce traité admirable, si calomnié et pourtant si peu connu, est celui qui a encore aujourd'hui l'heureux privilége d'exciter les déclamations passionnées des prohibitionnistes du Nord.

(1) Pendant que La Motte Piquet, les comtes d'Estaing, de Grasse et de Guichen, se distinguaient sur les côtes d'Amérique, le Bailli de Suffren remplissait la mer des Indes du bruit de ses exploits. Mais comme les intérêts du port de Bordeaux étaient à cette époque presqu'entièrement engagés dans le commerce des Antilles, nous n'avons pas cru devoir nous préoccuper ici de cette partie de notre histoire navale.

C'est du reste, selon nous, le meilleur éloge que puissent faire de Louis XVI les quelques hommes à idées étroites et à vues exclusives qui attaquent avec tant d'aigreur ce grand acte de son Gouvernement.

Si les principes économiques que ce traité consacrait, génèrent peut-être la fortune scandaleuse de quelques industriels, l'immense majorité de la France en recueillit du moins les avantages ; — tout ce qui était consommateur, producteur, commerçant et marin, y trouva une source inépuisable de débouchés et de transactions.

Bordeaux en particulier y trouva la réalisation de la plus haute puissance commerciale qu'il pût être donné d'atteindre à une ville maritime de cette époque.

Voici quelles étaient les principales dispositions du nouveau traité. On posa avant tout en principe, que les droits prélevés jusques en 1785, tant en France qu'en Angleterre, sur les marchandises d'exportation, seraient considérablement diminués.

Le tarif qui pesait sur les fers fut réduit.

Les étoffes de coton venant d'Angleterre, tels que le tricot rayé, le bazin et le piqué blanc, ne payèrent plus, à leur entrée à Bordeaux, que 12 p. 100, c'est-à-dire, d'après l'évaluation, 112 liv. par quintal, et 150 en y comprenant un droit additionnel de 30 livres.

Les mousselines furent admises à Bordeaux au prix de 240 liv. par quintal, ou de 270 en y comprenant le droit additionnel qui frappait les cotons, la bière et les fers (1).

Les étoffes de laine, qui n'avaient pas de droits additionnels à supporter, ne payèrent à l'entrée que les 12 p. 100 exigibles, c'est-à-dire 240 l. par quintal pour les casimirs et les satins turcs; 162 l. pour les gilets de·tricot, et 96 pour les bas de laine, les sagatis et les flanelles unies.

En échange, les droits qui prohibaient l'entrée en Angleterre des VINS, de la parfumerie, de la ganterie, de la tabletterie, des fleurs artificielles, des batistes, des blondes, des dentelles de soie, et en général de tous les objets de mode parisienne, furent considérablement allégés.

Les vins de Bordeaux, qui payaient en 1785, au *Custom-house* (2) de la Grande-Bretagne, 7 schellings et 10 pences par gallon, c'est-à-dire 2 fr. 17 c. par litre, furent dégrevés, et ne subirent, à partir de 1786, qu'un impôt de 4 schellings 1/2 penny par gallon, ou 1 fr. 33 c. par litre, c'est-à-

---

(1) Les seuls ports qui eussent le droit de recevoir les marchandises d'Angleterre au tarif désigné, étaient : Bordeaux, Calais, Boulogne, le Hâvre, Rouen, Saint-Malo, Nantes, La Rochelle et Cette.

(2) *Custom-house*, douane.

dire moitié moins environ que nos vins ne paient
actuellement.

Voilà, dépourvu de tout subterfuge, ce que fut en
réalité le traité de 1786 ; il consacrait le principe
de la liberté commerciale que les Anglais, aujour-
d'hui nos maîtres en fait d'économie politique , ont
déjà introduit chez eux, et pour lequel nous, Bordelais, nous n'avons encore cessé de combattre. —
Louis XVI, devançant et les hommes et l'avenir, de-
vinant sans doute ce que ferait un jour sir Ro-
bert Peel en Angleterre , donna alors à la France
la meilleure , la plus douce et la moins dangereuse
des libertés, celle d'exporter, d'acheter, de vendre
et de faire soi-même ses affaires.

Aussi, Bordeaux ne tarda-t-il pas à éprouver les
heureux effets de cette réforme. En même temps
que les étoffes de coton et de laine baissèrent de
prix dans la ville et devinrent accessibles aux moins
fortunés des habitans de Bordeaux, les vins, d'un
autre côté, obtinrent une plus grande valeur ; les
propriétaires, qui trouvaient à peine dans leur re-
venu de quoi satisfaire aux dépenses de l'exploita-
tion et de la culture du sol , virent s'ouvrir devant
eux de nouveaux débouchés (1).

(1) Les expéditions des vins de France pour les colonies,
qui ne furent que de 2,000 tonneaux environ pendant
la guerre de *Sept Ans*, s'élevèrent à 20,035 tonneaux en

Nos vins, qui, de 1780 à 1781, n'étaient entrés
dans la consommation de l'Angleterre que pour une
quantité de 378 tonneaux, atteignirent, de 1786 à
1792, le chiffre moyen de 1,424 tonneaux par année.

1779. Pendant la guerre d'Amérique, il y eut nécessairement un temps d'arrêt dans le commerce vinicole. Mais à
partir de la paix de Versailles, et surtout du traité de 1786,
les exportations de vins prirent une grande extension : dans
les dernières années du règne de Louis XVI, elles atteignirent le chiffre énorme de 100,000 tonneaux.

Voici, d'après un document transmis au Gouvernement le
10 frimaire an VIII par le Bureau de Commerce de Bordeaux, quelles furent en 1789 les quantités de vin expédiées
par notre ville tant pour la France que pour l'étranger :

Vins de Bordeaux expédiés au dehors.

			VALEUR.
Pour l'Angleterre..	2,000 t.	à 1,500 fr.	3,000,000 fr.
Pour le Nord........	8,000	350	2,800,000
Pour les colonies...	30,000	350	10,500,000
Pour les Pays-Bas, l'Allemagne, etc. (vins blancs)......	50,000	200	10,000,000
Pour divers ports de France........	25,000	300	7,500,000
Id. vins plus fins...	5,000	500	2,500,000
Total........	120,000 t.		36,300,000 fr.

La production du vin dans le Bordelais était alors de

En 1787, c'est-à-dire dans l'année qui suivit immédiatement le traité de 1786, la consommation s'éleva à 2,127 tonneaux, tandis que, l'année précédente, elle n'avait pas excédé 480 tonneaux.

Enfin, en 1788, un an avant les premières agitations qui ne devaient pas tarder à détruire en France toute espèce de commerce et d'industrie, il fut payé en Angleterre des droits pour 933,172 gallons, tandis qu'il y a trois ans, c'est-à-dire en 1850, il n'a été au contraire admis à l'entrée qu'une quantité de 340,758 gallons, — le tiers de ce que l'on consommait sous Louis XVI.

C'est donc une différence de 592,414 gallons en faveur de l'année 1788; et cependant, la population de la Grande-Bretagne était loin, à cette époque, d'être aussi nombreuse qu'elle l'est devenue aujourd'hui.

On comprend quelle prospérité donna à Bordeaux cet accroissement considérable et instantané de la consommation des vins en Angleterre.

200,000 tonneaux. Sur cette quantité, 80,000 tonneaux seulement s'écoulaient à l'intérieur; le reste prenait la voie maritime. C'étaient 120,000 tonneaux de fret que l'industrie vinicole fournissait ainsi chaque année à la navigation du long-cours, du grand et du petit cabotage.

La Hollande à elle seule tirait alors de Bordeaux une quantité moyenne de 20,000 tonneaux de vin et de 12,000 pièces d'eau-de-vie par année.   Henry RIBADIEU.

Non-seulement les propriétaires de vigne en firent
leur profit, mais les négocians et les armateurs y
trouvèrent des alimens de fret des plus fructueux.
Le petit cabotage prit alors un développement considérable, et put espérer de rivaliser avant peu
avec la navigation au long-cours, qui venait d'atteindre son apogée.

§ V.

Pendant la guerre même de l'Amérique, c'est-à-dire dans un moment où les affaires n'avaient pu nécessairement prendre toute leur extension, le mouvement commercial de Bordeaux s'élevait déjà à PLUS DE CENT CINQUANTE MILLIONS PAR AN (1).

Ceci nous oblige à revenir un peu sur nos pas et à rechercher quelle était l'importance du port de Bordeaux dès le début même du règne de Louis XVI. Cette revue, en quelque sorte rétrospective, peut seule nous donner la mesure de la prospérité vraiment surprenante à laquelle arriva notre ville dans l'espace de moins de dix ans.

(1) Veyez le discours préliminaire de l'architecte Louis, en 1782, accompagnant la publication des plans, coupe et élévation du Grand-Théâtre.

En 1775, Bordeaux expédia aux Antilles 260 navires de 250 tonneaux, formant un encombrement total de 65,000 tonnes.

En 1782, c'est-à-dire pendant la guerre avec les Anglais, Bordeaux expédiait néanmoins 310 navires de 310 tonneaux, formant un ensemble de 96,100 tonnes ; — l'augmentation était déjà considérable.

Dans la même période, Bordeaux recevait des mêmes colonies :

En 1775, 220 navires de 300 tonneaux, composant un total de 66,000 tonneaux.

Et en 1782, 264 navires de 360 tonneaux, qui en formaient en tout 96,000.

Les importations de l'année 1775 furent opérées, comme on vient de le voir, par 220 bâtimens, et se répartissaient de la manière suivante :

	Nav.	Poids total.	Valeur.
St-Domingue,	135	77,210,107 liv. p.	38,516,602 f.
Martinique,	39	14,020,055	7,085,355
Guadeloupe,	45	15,286,818	7,562,067
Cayenne,	1	82,900 ·	7,371
Total général,	220	96,599,880 liv. p.	52,172,034 f.

Si l'on observe maintenant que le produit accumulé de toutes les colonies françaises s'élevait en 1775 à 126 millions, et que le seul port de Bordeaux entrait pour 52 millions, c'est-à-dire pour plus d'un tiers, dans la répartition de ce chiffre, on comprendra quelle était, dès le commencement du règne de Louis XVI, la magnifique situation commerciale de notre ville (1).

Cette étonnante prospérité s'accrut encore jusqu'en 1786. C'est M. Jouannet lui-même qui le reconnaît dans son excellente *Statistique du département de la Gironde :*

« Dès 1782, dit-il, Bordeaux expédia aux colonies 310 navires, jaugeant ensemble 117,710 tonneaux, ou 374 1/3 par bâtiment, capacité supérieure de plus de moitié à celle des navires expédiés en

---

(1) C'est en comparant la situation actuelle avec l'état du commerce sous Louis XVI, que nous pourrons nous faire aisément une idée de la profonde décadence dans laquelle Bordeaux est tombé.

Ainsi, en 1841, le chiffre du tonnage des navires français de toute provenance, en supposant que les bâtiments fussent complètement chargés, a été de 65,000 tonneaux.

En 1782, *pendant la guerre,* il fut de 96,000 tonneaux pour les navires venant des Antilles françaises seulement. Enfin, en 1833, le tonnage total des navires chargés, entrés à Bordeaux, quelle que fût leur nationalité, leur origine et leur lieu d'expédition, ne dépassa pas 95,978 et resta par conséquent inférieur au tonnage de 1782 ; — bien qu'il ne soit tenu compte dans les importations de cette dernière année ni des navires étrangers, ni des navires français, venant de tout autre port que les ports français des Antilles.

Henry RIBADIEU.

1763. Cette année, Bordeaux reçut en retour des colonies pour 130,000,000 de denrées. Les avantages de ce commerce étaient immenses. D'un côté, Bordeaux payait les denrées coloniales avec ses vins, ses farines et autres marchandises de France ; de l'autre, les trois-quarts des cargaisons qui lui arrivaient des colonies étaient achetées pour l'étranger, et échangées contre des marchandises ou contre de l'argent. Ainsi, peu de numéraire sortait du Royaume, et il augmentait ses exportations de celles des Antilles.

» Mais, pour se faire une juste idée du commerce de Bordeaux avec les colonies avant la Révolution, il ne faut pas seulement considérer le produit, ces millions qui, partagés entre une foule de maisons de commerce, les entretenaient dans l'opulence; il faut surtout regarder comme un bénéfice plus général et plus réel ces frais de constructions navales, d'armemens, de désarmemens, d'achats et de transport des vins, frais qui, de la caisse de l'armateur, faisaient passer la majeure partie de ses bénéfices dans les mains du cultivateur, du fabricant, de l'ouvrier, du marin, enfin de toute une population active et nombreuse : nul n'était pauvre, pourvu qu'il eût des bras, du courage et de la santé. C'est ce qui, dès 1756, faisait dire à un auteur anonyme : « De toutes les villes maritimes, » Bordeaux est une des plus curieuses à connaître.

» Si vous voulez avoir le tableau de l'abondance,
» cherchez-le à Bordeaux. A Paris, peu de gens
» jouissent ; le reste n'a de jouissance que l'imita-
» tion et la société artificielle de ceux qui jouis-
» sent. A Bordeaux , vous trouvez une abondance
» facile, une abondance généralisée , celle qui en
» donne le sentiment à toute sorte de spectateurs :
» on dirait que le Pactole y coule , et coule pour
» le peuple.... »

Si Bordeaux faisait déjà, en 1780 ou 82, plus de
150 millions d'affaires, après la paix de 1783 ces
limites furent de beaucoup dépassées. Les rares survivans de cette époque nous ont raconté qu'en
1784, 1785 et 1786, l'activité qui régnait sur le
port avait pris des proportions jusqu'alors inouïes;
les cales étaient nuit et jour encombrées de colis
qu'on déchargeait ou que l'on apportait à bord ; la
Garonne enfin était continuellement sillonnée de
navires qui se dirigeaient vers la rade ou qui se pré-
paraient à en sortir.

Nous avons déjà dit que ceux de ces bâtimens
qui appartenaient au port de Bordeaux , et qui faisaient la navigation des colonies, atteignaient, vers
le commencement de 1784, le nombre de 294; à la
fin de la même année , leur chiffre s'élevait déjà
à plus de 300.

Les bâtimens de la marine Bordelaise, non-seulement se distinguaient par leur nombre, mais en-

core ils offraient des qualités de marche supérieure.
Plusieurs étaient d'un tonnage considérable pour
l'époque ; parmi eux on distinguait :

Le *Sully*, de 700 t., à Mme veuve Draveman.
Le *Prudent*, de 700 t., à MM. Dubor et Demante.
L'*Imposant*, de 700 t., à M. Paul Nairac.
L'*Aimable-Victoire*, de 700 t., à M. Vigne.
La *Vicomtesse-de-Noailles*, de 700 t., à M. Féger.
Le *Maréchal-de-Mouchy*, de 750 t., au même.
L'*Asie*, de 750 t., à M. Journu.
Le *Castrie*, de 900 t., à M. Groc.
Le *Neptune*, de 1,200 t., à MM. Petit frères et Ce.

La plupart des navires attachés à notre port
faisaient le voyage de Saint-Domingue.

Par le mouvement des importations en 1775,
on a pu, en quelque sorte, se faire déjà une idée du
rang que tenait cette colonie dans le commerce
de Bordeaux avec les îles françaises ; on pourra
en voir un nouvel exemple dans le fait suivant :

Du 1er mars au 1er avril 1787, il était parti
de Bordeaux pour les colonies de France dix-huit
navires.

Deux étaient en destination de l'Ile de France et
de la côte d'Afrique ; trois se rendaient à la Guadeloupe ; — les treize autres allaient à Haïti.

Au retour, la même proportion existait. Sur

vingt-un navires, six venaient de la Guadeloupe, un seul de la Martinique, et les quatorze restant provenaient tous de Saint-Domingue.

Cette île entrait ainsi pour les deux tiers dans le mouvement maritime de Bordeaux avec les colonies françaises.

Ce qui ne contribuait pas moins à assurer le succès du commerce de notre ville dans ces parages, c'était la préférence qui était alors accordée en Europe aux provenances du Cap français, de Léogane, de Saint-Marc, et des autres ports de Saint-Domingue.

Les sucres bruts de Léogane, par exemple, pris dans l'entrepôt de Bordeaux, se payaient, le 26 février 1787, de 32 à 45 liv. le quintal, tandis que ceux de Saint-Louis n'étaient cotés que de 28 à 38 liv., et ceux de la Martinique de 26 à 36 liv.

Quoique d'une supériorité moins reconnue, les cafés haïtiens luttaient à-peu-près avec ceux de la Martinique, et se payaient sur le pied de 22 s. la livre le *café fin*, et 15 à 16 sous le *triage*.

Après les cotons de Cayenne, les cotons de Saint-Domingue étaient encore les plus estimés ; ils se payaient à Bordeaux 255 à 270 liv. le quintal, tandis que ceux de la Martinique et de la Guadeloupe n'étaient cotés que 245 à 255 liv.

Parmi les navires qui effectuaient plus particulièrement la traversée de cette colonie, on distinguait :

Le *Jason*,

L'*Aigle*,

Le *Don de Dieu*,

Le *Comte de Fumel*,

Le *Bon Père*,

Le *Pacificateur*,

Le *Français*,

Le *Tigre*,

Le *Castrie*,

L'*Espérance*,

La *Ville de Léogane*,

L'*Orthézien*,

Et la *Garonne*.

Il n'était pas rare de voir le trajet de ces bâtimens s'effectuer en 34 jours, et quelquefois en beaucoup moins de temps.

Les armateurs et les propriétéaires de ces navires étaient :

MM. Coppinger,

Maignac,

Cabarus,

Lardin,

Henry Rombert et Bapts,

Camescasse,

Gradis,

Bonaffé,

Letellier,
Dubourg ,
Seignouret,
Et Journu.

A ces noms, nous pourrions joindre ceux de quelques autres des principales maisons de banque et de haut négoce du temps :

Les comptoirs de MM. Bethman, Beyerman, Labadie , Balguerie , Baour, Rodrigues, Delbos, Anglade et Raba frères, par exemple, avaient pris en peu d'années une extension considérable.

Ces armateurs et ces négocians formaient à Bordeaux une véritable aristocratie commerciale. Le luxe mensonger et les dorures d'emprunt qu'on affiche de nos jours , étaient remplacés à cette époque par une de ces grandes et splendides existences dont l'ancien régime semble avoir emporté bien décidément le secret avec lui.

Si Bordeaux eut alors de riches et puissantes maisons de commerce, il posséda aussi des navigateurs qui ne s'illustrèrent pas moins par leur habileté et par leur courage. C'est de 1784 à 1792 que se forma surtout cette école de jeunes capitaines bordelais qui devaient, sous les guerres maritimes de la **République**, oublier leur ancien rôle de capitaines marchands pour devenir en quelques mois d'audacieux corsaires.

De ce nombre furent les capitaines Armingaud, Dihins (1), Baulieu, Pévrieux, Gourege, et une foule d'autres qui firent successivement la course dans l'Atlantique et qui rentrèrent maintes fois au port avec de riches butins.

Mais l'histoire de ces prises à l'abordage et de ces hauts faits nautiques, que nous ferons peut-être un jour, n'est pas aujourd'hui de notre compétence. Sans sortir du cercle que nous nous sommes tracé, nous pouvons citer, parmi les plus braves et les plus loyaux navigateurs du règne de Louis XVI, le capitaine Fabre, de Bordeaux. Ce courageux marin se distingua surtout par sa fidélité à la cause royale.

Voici un fait qui suffira pour le faire connaître :

La nouvelle que la République avait été proclamée en France arriva à la Guadeloupe vers la fin du mois d'octobre 1792 ; le capitaine Fabre était alors à la Pointe-à-Pître avec son navire l'*Ami des Colons*.

Dès la première nouvelle, les autorités consti-

_____

(1) Armingaud et Dihins furent les deux premiers capitaines qui partirent de Bordeaux pour la course : le premier, à bord du *Général Courpon*; le second, sur le *Général Dumouriez*. Ils furent mis en *coutume* ou en chargement le 22 février 1793, et levèrent l'ancre à la fin du mois.

tuées avaient arboré le drapeau tricolore, et les navires de la rade, placés sous la menace de l'artillerie
du fort, avaient été obligés de mettre bas le drapeau
blanc. — Le capitaine Fabre s'exécuta avec toute
la mauvaise grâce possible.

Quelques jours après, un navire arrivé de Londres, en vingt-un jours, apporta des lettres qui lais-
saient espérer un retour de l'opinion en faveur de
Louis XVI.

On citait une lettre du Roi qui recommandait
aux habitans de la colonie de ne pas recevoir la
station républicaine aux ordres de Rochambeau, et
qui promettait de leur faire tenir des forces avant
un mois.

Fabre n'en demanda pas davantage : le 30 octobre 1792, il fit hisser le pavillon royal à la corne
de son mât d'artimon, arbora lui-même la cocarde
blanche, et força, de concert avec la Municipalité de
la Pointe-à-Pitre, les navires marchands mouillés
dans le port, sinon à arborer les couleurs du Roi,
du moins à enlever celles de la Convention.

Les collègues de Fabre, même ceux qui s'étaient
le plus énergiquement prononcés pour la République, s'empressèrent prudemment de faire disparaître
le drapeau tricolore. Quant à la colonie, elle reprit
d'un commun accord le pavillon royal.

Rochambeau, nommé maréchal-de-camp en 1791,
était envoyé par la Convention pour faire reconnaî-

tre le Gouvernement Républicain dans les Antilles. Lorsqu'il se présenta à la Pointe-à-Pitre avec les bâtimens de sa station, il y trouva accomplie la révolution, dont Fabre était l'un des principaux soutiens.

Les habitans de la ville, réunis à ceux de la basse plaine, avaient la cocarde blanche à leur chapeau et criaient avec transport : *Vive le roi ! vive la reine ! périsse la nation !* (1).

L'artillerie du fort était prête et les mêches allumées. Rochambeau comprit qu'il tenterait en vain d'entrer dans la rade ; il quitta donc immédiatement la Guadeloupe et fut se réfugier à l'île de Nièvres, qui appartenait aux Anglais.

Cet exemple nous montre ce que peut un homme de cœur avec de la décision et du courage. Il n'eût fallu sans doute à cette époque, en France, qu'un certain nombre de citoyens de la trempe de Fabre pour sauver peut-être et le Roi et la Monarchie qui devait s'en aller avec lui.

(1) On désignait sous ce nom, à la Guadeloupe, le parti des Jabobins.

§ VI.

L'aventure du capitaine Fabre, de Bordeaux, que nous avons cru devoir raconter en finissant ce dernier chapitre, nous a un peu écarté de notre sujet ; on nous permettra donc d'y revenir.

Au point de vue de l'histoire commerciale de Bordeaux, l'année 1786 et celle qui la suivit, fournissent à tous ceux qui s'attachent à l'étude de ce temps un intérêt particulier.

On y retrouve, dans la multiplicité des affaires et dans le grand nombre des transactions, écrit en caractères ineffaçables, la prospérité dont jouissait alors la capitale de la Guienne.

Voici, par exemple, quel fut le mouvement du port au mois de janvier 1787, c'est-à-dire à une époque des plus rigoureuses de l'année :

Navires au long-cours entrés [pendant
le mois de janvier 1787. 88
Sortis. 39
Navires au cabotage entrés. 170
Sortis. 99

Total. 396

C'étaient 396 bâtimens de toute forme et pour toute destination qui étaient ainsi arrivés ou partis pendant le mois.

En février, le nombre des sorties et des entrées fut de 324 navires.

En mars, le mouvement prit des proportions con-, sidérables ; il s'éleva à 461 bâtimens.

Si l'on veut maintenant se figurer l'extension que prenait le commerce vinicole, voici quelques chiffres qui pourront en donner une imparfaite idée.

Pendant le seul mois suivant, c'est-à-dire en avril 1787, il fut expédié à l'étranger :

En vins de Bordeaux. . . . . 7,360 ton.
En vins du Haut-Pays.. . . . 1,086 ton. 3/4
En vinaigre. . . . . 167 ton. 1/2
Et en eau-de-vie. . . . . . . 1,004 pièces.

Notons en passant que les eaux-de-vie se ven-

daient alors au cours de 95 liv. les 32 veltes, et que,
le 1er février de la même année, elles se payaient
110 livres.

Si fastidieux que soient des chiffres dans un ouvrage où le lecteur ne s'attache d'ordinaire qu'à
rechercher un récit attrayant ou dramatique, il
est cependant facile de comprendre que ces cal-
culs sont à-peu-près indispensables dans une étude
toute commerciale et toute comparative, où l'ima-
gination ne saurait trouver place; on nous permettra donc de recourir une dernière fois à la statistique pour faire connaître quel était, à cette même
époque, l'état des denrées coloniales à Bordeaux.

Le 31 décembre 1786, il existait, en entrepôt,
11,651 boucauts de sucre, formant un poids net de
14 millions 154,540 liv.

Dans le courant de janvier 1787, il entra 5,066
futailles, pesant, tare déduite, 5 millions 926,949 l.
Dans le même intervalle, il sortit 4,129 futailles,
pesant net 3 millions 737,854 liv.

Pendant le mois suivant, il entra 3,954 futailles,
d'un poids net de 4 millions 174,471 l. — La sortie s'éleva à-peu-près au double, et atteignit le
chiffre de 8,268 boucauts, pesant net 8 millions
45,727 l.

C'était donc, en moyenne, 5 à 6,000 boucauts
qui entraient et qui sortaient chaque mois de l'entrepôt de la ville.

Le mouvement des cafés, de l'indigo, du cacao et du rocou, s'élevait dans les mêmes proportions.

Nous nous bornerons à reproduire, comme exemple, l'existence en entrepôt de ces diverses denrées pendant le même mois de janvïer 1787.

	CAFÉ.	INDIGO.	CACAO.	ROCOU.
	poids net.	p^ds net.	p^ds net.	p^ds net.
Restait au 31 décembre 1786.....	119,737	55,759	177,848	34,657
Entré en janv. 1787	1,028,871	42,194	47,278	69,169
Sorti.................	367,454	34,835	11,248	1,036
Restait le 31 janvier	781,154	63,118	113,878	102,790

Voilà un faible échantillon du mouvement et des affaires d'alors; dans une ville de commerce comme la nôtre, où toutes ces opérations sont familières à la plupart des esprits, on en comprendra l'importance.

Quelque rebutantes que fussent les recherches, et si peu attrayante que dût en être la lecture, nous avons essayé de rendre une sorte d'existence à cette statistique du temps passé. Il nous a semblé que cette page, jusqu'à ce jour inédite, de l'histoire du commerce et de la marine à Bordeaux, renfermait, elle aussi, un instructif et mémorable enseignement. Si aride et si sèche qu'elle fût dans son expression, il nous a paru que cette partie de nos annales s'unissait, elle aussi, à toutes les autres pour rendre au Roi martyr cet hommage tardif de reconnaissance, que 60 ans de révolution et l'égoïsme universel des hommes n'ont pu cependant faire oublier tout-à-fait.

La prospérité de 1784, et celle des années suivantes, ne fut que le résultat des lois commerciales et des actes administratifs que provoqua Louis XVI, et que devait couronner le traité de 1786.

Cette année 1786 fut bien réellement celle où Bordeaux brilla dans tout l'éclat de sa fortune.

Tout ce qui se fit pour cette ville, de grand et d'utile, semble, par une coïncidence remarquable, se rattacher à cette époque.

Ce fut encore en 1786 que fut rendu un arrêt qui devait porter à son apogée la splendeur de Bordeaux.

Ce fait nouveau nous transporte brusquement dans un ordre de choses qui présente, avec la situation actuelle, les plus singulières et les plus heureuses coïncidences.

La question des steamers transatlantiques, qui préoccupe aujourd'hui si fortement les populations françaises du littoral, qui a soulevé jusque dans ces derniers jours des discussions, et l'on pourrait même dire des haines si vives, entre Bordeaux, Cherbourg, le Hâvre, Nantes et Marseille ; cette question, de vie ou de mort, pour nous Bordelais, fut résolue en 1786 pacifiquement, sans contestation, comme sans querelle, par le Roi de France Louis XVI.

Bordeaux, nous nous empressons de le dire, ne fut pas oublié.

Louis XVI, toujours préoccupé des moyens qui pourraient accroître de plus en plus l'activité du commerce maritime, avait manifesté depuis quelques années l'intention d'établir, entre les ports de France et les colonies françaises, une correspondance régulière et rapide. — Il fit mettre l'affaire à l'étude, demanda des plans, et agréa celui qui lui parut le meilleur.

Cette grande fondation des transatlantiques, qui fut ainsi réalisée, à la fin du dernier siècle, avec des moyens d'action cependant beaucoup moins énergiques que ceux dont nous disposons aujourd'hui, a chez nous un intérêt d'actualité trop considérable pour que nous puissions nous permettre de quitter ce sujet sans en avoir fait connaître d'abord les principales dispositions.

Un arrêt rendu par le Conseil royal, en date du 14 juillet 1786, décida qu'un service de 24 paquebots

serait immédiatement installé entre la France et l'A-
mérique sous le titre de :

Paquebots du Roi.

L'arrêt contenait 5 articles, dont le premier était
ainsi conçu :

ART. 1er.

« *Il sera destiné dans les ports du Hâvre et de
Bordeaux un nombre suffisant de bâtimens
de S. M. pour qu'il en parte régulièrement un
tous les premiers jours du mois, pour les îsles
françaises de l'Amérique, les 15 janvier, 15
avril, 15 juillet et 15 octobre, pour les îsles
de France et de Bourbon; et les 10 février, 25
mars, 10 mai, 25 juin, 10 août, 25 septembre, 10 novembre et 25 décembre, pour les
Etats-Unis d'Amérique.* »

Bordeaux et le Hâvre furent ainsi désignés comme
centre d'opération de cet immense service. Les voya-
ges furent réglés de telle sorte, que les départs eussent lieu chaque mois alternativement dans les deux
ports.

Douze de ces paquebots étaient destinés au service des Antilles. Ils devaient se rendre en droite
ligne à Saint-Pierre de la Martinique, où ils avaient
l'obligation de rester pendant cinq jours; ils pas-

saient de là à la Basse-Terre de la Guadeloupe, d'où ils partaient trois jours après pour le Cap Français et l'île Saint-Domingue. Le retour s'effectuait le 1er du quatrième mois qui s'était écoulé depuis leur expédition de France.

Quatre paquebots étaient destinés pour les Iles de France et de Bourbon; sur ces quatre bâtimens, deux partaient de Bordeaux, le 15 janvier et le 15 juillet; les deux autres partaient du Hâvre le 15 avril et le 15 octobre. Il leur était permis de relâcher au cap de Bonne-Espérance ou à Falsebay, suivant la saison, mais avec défense expresse d'y rester plus de huit jours. Ils se rendaient de là en droite ligne à l'Ile de France, d'où ils repartaient le 1er du septième mois qui s'était écoulé depuis leur départ, pour revenir dans le port d'où ils avaient été expédiés.

Les huit derniers paquebots étaient destinés au service des Etats-Unis.

Ces bâtimens, taillés pour la course, étaient du tonnage de 4 à 500 tonneaux; ils étaient fournis par les chantiers du Roi et commandés par un lieutenant de vaisseau, ayant sous ses ordres deux officiers de la marine royale. Les matelots étaient à la solde de S. M., et soumis, comme tous les employés du bord, aux ordonnances de l'Amirauté. Sur chaque paquebot il y avait, en outre, un subrécargue, dont les fonctions étaient de veiller à la remise ou à la

vente des marchandises dans les ports. Enfin, par
une précaution qui montre toute la sollicitude que
Louis XVI portait au négoce, le tarif du fret avait
été établi à un prix plus élevé que celui du commerce, afin que les paquebots ne pussent faire con-
currence aux navires marchands, et causer aux négocians un préjudice quelconque (1).

Les prix des passages avaient été réglés au contraire de manière à ce qu'ils pussent être facilement accessibles à toutes les bourses. Il y avait à
bord trois genres de traitement.

Les passagers qui étaient nourris à la table du capitaine, payaient 600 livres pour aller aux Antilles, et le double pour aller à l'Ile Bourbon.

Les passagers nourris à la table des officiers de
la marine marchande, payaient 360 livres pour les
Antilles, et 750 pour Bourbon.

Enfin, les passagers nourris à la ration, des vivres
de la cale, étaient transportés au prix de 160 livres pour les Antilles et de 300 livres pour l'Ile de
France.

Les passagers de première classe avaient le droit
d'emporter trois malles; les passagers de seconde

(1) Chaque tonneau, de 2,000 livres de poids ou de 42 pieds
cubes d'encombrement, était taxé sur le pied de 100 livres
pour les colonies d'Amérique, et de 200 pour les Iles de
France et de Bourbon.

classe ne pouvaient en conserver que deux, et ceux des troisièmes n'avaient droit qu'à une seule.

Chaque malle ne devait pas dépasser le poids de 200 livres, ni cuber plus de quatre pieds et demi.

Le port d'une lettre était de 20 sous, et les journaux ou feuilles périodiques étaient transportés pour le modique prix de 6 liv. par an.

Il serait plus qu'inutile aujourd'hui d'essayer de faire comprendre tous les avantages que Bordeaux devait trouver dans cette institution. Ils portèrent au plus haut point la prospérité de notre ville.

Comme nous l'avons dit, les bâtimens affectés à la correspondance transatlantique avaient tous le nom de *Paquebots du Roi* (1).

Le premier de ces navires qui fut expédié par le port de Bordeaux, fut le *Paquebot du Roi* n° 4.

Il quitta la rade le 1er avril 1787, et se rendit aux îles d'Amérique, comme le règlement l'y obligeait.

Le 1er juin suivant, le *Paquebot-du-Roi* n° 8, commandé par M. le chevalier de Coriolis, lieutenant de vaisseau au service de S. M., partit à son tour.

Les autres départs s'effectuèrent comme l'indi-

---

(1) Les *Paquebots du Roi* avaient à Bordeaux une administration complète, dont les bureaux étaient établis rue des Argentiers, près du Palais, chez M. Mazois, directeur du service. M. Delmestre était le courtier de l'administration.

quait le cahier des charges, de deux mois en deux
mois ; et dès cette année, dans un temps où il
n'existait entre la capitale et les provinces que des
moyens de communication extrêmement longs et
fort coûteux, à une époque où les distances n'étaient
pas rapprochées, où il n'y avait ni chemin de fer
ni télégraphe électrique, Bordeaux put jouir cependant
dant des bienfaits d'un service dont nous sommes à
attendre aujourd'hui encore la tardive réalisation.

Cette immense affaire, d'où peut dépendre la fortune
tune ou la ruine de Bordeaux, est, au moment où
nous écrivons ces lignes, entre les mains des Ministres.
La Correspondance Parisienne nous annonçait
dernièrement que le projet de loi allait, avant peu
de jours, être présenté à la sanction du Corps Législatif.

Si prochaine que soit la solution, tout donne à
penser cependant que les dernières mesures ne sont
pas encore prises et que les derniers doutes ne sont
pas encore résolus. — Quelle que doive être notre
part dans cette répartition si vivement attendue ;
que l'on nous accorde une seule ligne ou qu'on
nous concède, comme nous le demandons avec tant
de justice, les deux services des Antilles et du Brésil,
sil, — on ne saurait oublier chez nous que Bordeaux
deaux a déjà eu, il y a soixante-six ans, ses paquebots
bots transatlantiques, et que c'est Louis XVI qui les
lui a donnés.

§ VII.

Il nous reste maintenant à faire connaître la vie et l'animation que donnèrent à Bordeaux les évènemens de toute nature qui semblaient se concerter pour en faire une rivale des plus belles cités de l'Europe.

En 1771, Dom Devienne, après avoir raconté la mort de Montesquieu et en terminant le premier volume de cette *Histoire de Bordeaux,* dont le second livre, hélas ! ne devait jamais être livré à l'impression, s'exprimait ainsi :

« Peu après , le Roi nomma gouverneur de
» Guienne le maréchal de Richelieu, ce seigneur
» dont le nom ne se perpétuera pas moins dans les
» fastes de la Monarchie, que celui du célèbre car-
» dinal à qui la France doit sa prééminence sur tous
» les Etats de l'Europe.

» C'est sous son Gouvernement que la ville de
» Bordeaux a reçu une nouvelle administration, éta-
» blie sur des principes lumineux, et qui dirige les
» vues des magistrats municipaux sur tout ce qui
» peut illustrer la ville et lui procurer les plus grands
» avantages. »

Si Dom Devienne se montra un peu trop courti-
san dans le parallèle qu'il essaya d'établir entre le
grand ministre de Louis XIII et le fastueux gouverneur de la Guienne, il ne fut, en revanche,
qu'historien sincère, en rendant justice à son administration.

C'est, en effet, sous le gouvernement du maréchal,
que Bordeaux devint une ville riche, élégante et
policée; c'est grâce à lui qu'elle prit enfin cette fi-
gure de capitale et de cité princière, dont elle con-
serve encore aujourd'hui comme un pâle et lointain ressouvenir.

C'est au séjour de Richelieu à Bordeaux ; c'est à
la cour brillante qu'il y forma , aux monumens
splendides qu'il y fit élever, aux ouvriers, aux artistes et aux commerçans de toute sorte qui y affluèrent, que notre ville fut redevable de ce haut
degré de magnificence.

Richelieu avait été nommé par Louis XV.
Louis XVI, qui appréciait tout, et qui n'ignorait pas
les avantages que Bordeaux avait trouvés sous son

administration, le maintint à la tête de la province.
Richelieu resta ainsi gouverneur de la Guienne jusqu'à sa mort, c'est-à-dire jusqu'en 1788. Il passa,
il est vrai, les dernières années de sa vie à Paris;
mais le mouvement qu'il avait donné à la ville sur-
vécut à sa présence.

L'air de richesse et d'animation que présentaient
les rues et les places publiques, l'activité dont
les quais étaient le théâtre, les fêtes splendides qui
s'organisaient, les relations sociales qui s'étaient
formées entre les grandes familles de la cité, tout
cela n'existe plus aujourd'hui; mais tout cela donnait alors à Bordeaux une physionomie vraiment
royale.

Nous nous sommes, au commencement de ce travail, occupé de la construction du Grand-Théâtre,
comme œuvre d'art et comme l'une des plus merveil-
leuses dotations du gouvernement de Louis XVI;
mais il nous restait à envisager les conséquences
économiques de cette œuvre.

L'édification du Grand-Théâtre dura 7 ans (1).
Elle coûta deux millions 436,523 livres.

---

(1) Nous avons déjà dit que l'inauguration eut lieu le 7
avril 1780; mais ce ne fut que le lendemain 8 avril qu'on en
fit véritablement l'ouverture par la représentation d'*Atha-
lie*. — Voir, pour tout ce qui concerne le Grand-Théâtre,
l'intéressant ouvrage que M. Gaullieur l'Hardi a publié en
1827 sous le titre de *Portefeuille ichnographique de Louis*.

On comprend quelle affluence de travailleurs fut alimentée par cette construction véritablement gigantesque. La cour de Richelieu attirait les étrangers, les riches et les gens de loisir ; l'élévation du Grand-Théâtre et celle du Palais Archiépiscopal, qui l'avait précédée, attirèrent les artisans, les ouvriers, les manœuvres, les artistes et les marchands.

Le goût de l'architecture se développa ; ce fut bientôt à qui demanderait un plan à l'architecte Louis et à qui ferait à son tour édifier un palais.

Sur l'emplacement situé derrière le Grand-Théâtre et compris entre le Chapeau-Rouge, la rue Esprit-des-Lois et la place Richelieu, vingt-quatre belles maisons furent bâties, meublées et habitées en moins de deux ans.

Aux quatre angles de cet îlot, Louis construisit lui-même quatre hôtels, pour MM. Saige, avocat-général au Parlement de Guienne ; Legrix de Lasalle, trésorier de France ; de Lamolère, conseiller, et Fonfrède, négociant.

L'hôtel de M. Saige est celui qui sert aujourd'hui d'hôtel de Préfecture ; il fut meublé avec une richesse inouie, et qui, en attirant la cupidité des *sans-culottes* de 93, devait plus tard devenir bien funeste à son propriétaire.

MM. Saige, Legrix et de Lamolère, eurent de nombreux imitateurs. Ce serait entreprendre une œuvre impossible que de vouloir noter tous les édi-

fices somptueux qui s'élevèrent à Bordeaux sous
le gouvernement de Louis XVI.

Si l'avènement de ce Prince inaugura le règne
des navigateurs et des commerçans, on peut dire
avec non moins de vérité qu'il ouvrit aussi à Bordeaux l'ère des architectes et des ingénieurs.

Louis ne pouvait satisfaire à toutes les deman-
des dont il était l'objet; cependant, il construisit encore deux hôtels particuliers : l'un sur la place de la
Comédie, pour M. le comte de Rolly; l'autre sur le
cours du Jardin-Public, pour M. Nairac, l'un des
principaux armateurs de Bordeaux; la maison de
M. Nairac est connue aujourd'hui sous le nom d'*Hôtel Schickler,* et celle de M. de Rolly est occupée
en partie par le *Café de Bordeaux.*

Les ingénieurs habituels de la ville exécutaient
les travaux que Louis ne pouvait entreprendre. Les
architectes Duffart, Laclotte, Clochard, Thiac et
Bonfin, quoique d'un mérite plus ordinaire, n'étaient
pas sans talent, et plusieurs des maisons qu'ils cons-
truisirent alors sont encore là pour attester qu'ils
ne manquaient ni de goût ni de connaissances.

Les constructions devinrent à cette époque si
nombreuses, que le prix du bois et des pierres aug-
menta considérablement. Le plâtre, par exemple,
qui se payait 15 livres le *mont* en 1774, coûtait
60 livres en 1780.

C'étaient des négocians, des armateurs, des conseillers au Parlement, des avocats-généraux, tout ce qu'il y avait à Bordeaux d'hommes riches et de gens haut placés, qui supportaient le poids de cette augmentation dans le prix de la main-d'œuvre et des matériaux ; les maîtres de carrière, les propriétaires de bois, les marchands et les petits industriels qui en faisaient le commerce, y trouvèrent au contraire la source de leur fortune.

Les hommes qui furent à cette époque à la tête des différentes branches de l'administration, contribuaient, par la protection qu'ils donnaient aux arts, par le train de leur maison et le luxe qu'ils répandaient autour d'eux, à augmenter l'animation et le bien-être de la ville. M. le duc de Mouchy, M. le comte de Fumel et M. de Brienne, qui commandèrent successivement à Bordeaux sous les ordres du duc de Richelieu, eurent leur part dans ce mouvement de la richesse publique. Les intendans de Guienne, MM. de Clugny, Dupré de Saint-Maur et Camus de Néville, M. le lieutenant de Maire, vicomte Duhamel, les Jurats de la ville de Bordeaux, et quelques-uns des personnages que nous avons nommés plus haut, ajoutèrent encore à cette splendeur.

Tous ces hommes, illustres à divers titres, avaient autour d'eux un nombreux personnel ; ils donnaient de grands repas, avaient des concerts, et ouvraient périodiquement leurs salons.

Dans une sphère plus modeste, la femme même de l'architecte du Grand-Théâtre, Mme Louis, que l'on citait alors autant pour son esprit que pour sa grande beauté, recevait également chez elle ce que la ville offrait de plus recommandable, et faisait les honneurs de ses appartemens avec une amabilité et une sollicitude qui en faisait rechercher la fréquentation.

Dans le négoce, parmi les familles qui répandaient autour d'elles le plus d'opulence, on peut citer la maison Gradis ; Louis XVI l'avait chargée de l'approvisionnement d'une bonne partie des colonies françaises, et avait ainsi contribué à l'accroissement de sa fortune. — On vit encore fleurir à la même époque la maison de MM. Raba frères, qui venaient de faire construire à Talence cette villa et ces jardins déjà célèbres, dont les étrangers ne manquaient jamais, vers la fin du xviiime siècle, de visiter les quinconces.

Une sorte d'élan avait été donné aux fêtes, aux solennités et aux réceptions d'apparat, dont la ville était journellement le théâtre, par le passage successif de Mgr le comte d'Artois, de MONSIEUR, frère de Louis XVI, et de l'Empereur d'Allemagne, Joseph II. L'Empereur et les deux frères du Roi de France traversèrent notre ville en juin 1777 ; l'accueil qu'ils reçurent à Bordeaux, les réjouissances et les fêtes dont leur présence fut l'occasion, donnè-

rent encore à notre cité une impulsion nouvelle (1).
Les Princes profitèrent de leur séjour pour visiter
les travaux du Grand-Théâtre, dont Louis s'empressa
de leur faire hommage; l'Empereur Joseph, de son
côté, examina les travaux avec soin, et, dit-on,
adressa même à Louis des félicitations mêlées de

(1) Mgr le comte d'Artois et MONSIEUR furent les seuls
que l'on reçut avec les honneurs d'usage. — Entr'autres
détails donnés par le registre de l'Hôtel-de-Ville sur le séjour des Princes, en voici un qui, selon nous, mérite d'être
conservé:

« S. A. Mgr le comte d'Artois, dit le registre, demanda
» aux Jurats de ne faire mettre personne en prison tant
» qu'il serait au milieu des Bordelais. »

Quant à l'Empereur, qui arriva quelques jours après les
princes, il voyageait en France incognito; il vint à Bordeaux
sous le nom de comte de Falkenstein, sans qu'on lui fît aucune réception.

Joseph II était le fils de cette célèbre Marie-Thérèze
qui, arrivée alors à l'âge de 60 ans, gouvernait encore l'em-
pire d'Allemagne.

Lorsque l'Impératrice, poursuivie en 1741 par le Roi de
Prusse, et attaquée de toutes parts, quitta sa capitale et se
réfugia en Hongrie, l'enfant qu'elle tenait dans ses bras, et
qu'elle présenta aux madgyars rassemblés, était le même
Joseph II qui passa en 1777 à Bordeaux.—C'est la vue de cet
enfant au berceau qui rallia les Hongrois à la cause de Marie-Thérèze, et leur fit pousser d'une voix commune ce cri
depuis tant de fois répété : *Moriamur pro rege nostro Ma-
ria-Thereza !* Henry RIBADIEU.

quelques remarques aussi justes que bienveillantes.

La trace de cette visite fut conservée à Bordeaux. Le plafond allégorique peint par Robin, et qui couronna trois ans plus tard la salle de spectacle, faisait allusion à ce passage : des lys et un aigle, représentant les armes de France et de la maison d'Autriche, ornèrent une partie du plafond, et témoignèrent pendant plusieurs années du bon souvenir qu'en avaient gardé les habitans.

Si l'on bâtissait des hôtels et des palais à Bordeaux, de grands travaux maritimes s'exécutaient à quelques vingtaines de lieues de là, à l'embouchure même de la Gironde.

Le phare de Cordouan n'avait été depuis plus d'un siècle l'objet d'aucune réparation sérieuse. Il avait éprouvé depuis cette époque les outrages inévitables de la mer et des vents, qui n'avaient cessé de l'assaillir.

C'est sous le règne de Louis XVI qu'on songea définitivement à restaurer la magnifique tour de Louis de Foix, et que M. Theulère, ingénieur de la marine à Bordeaux, exécuta en plein Océan des travaux auxquels il mériterait du moins de laisser son nom. En 1776, 1778 et 1782, on avait déjà agrandi les magasins, rebâti les murs d'enceinte et remplacé l'ancienne lanterne par un fanal à réverbère; en 1788, Theulère compléta ces premières réparations en reconstruisant la partie supérieure de la tour et en l'exhaussant de soixante pieds. Les travaux, commencés le 19 avril 1788, furent terminés en 1789 ; on les conduisit avec tant d'économie, que la dépense ne dépassa point 163,238 livres.

A Bordeaux, Theulère jetait à la même époque les fondemens du magnifique et vaste Magasin des Vivres de la marine, qui n'a d'autre tort que d'être relégué à Bacalan, et de rendre ainsi ce chef-d'œuvre à-peu-près étranger à la plupart de nos concitoyens.

Pendant que Theulère dirigeait des constructions d'une importance gouvernementale, un Bordelais qui n'était pas sans talent, l'architecte Clochard, élevait à son tour à l'industrie privée un immense établissement, que l'on désigna longtemps, dans le quartier où il avait été construit, sous le nom de Moulin des Chartrons.

Ces grands travaux d'architecture ; ces immenses opérations commerciales ; ces navires à l'ancre dans le port ; ces bâtimens qui entraient dans la rade ou qui en sortaient ; ces quais encombrés de futailles, de caisses, de sacs et de marchandises de toute sorte ; cette société brillante qui jetait tant d'éclat dans la ville ; ces associations littéraires et scientifiques qui protégeaient les arts et les lettres ; ces écoles de peinture et ces musées ouverts; tout cela avait fait de Bordeaux, en moins de quinze ans , non pas seulement un chef-lieu de province, mais une vraie capitale dont Paris commençait déjà à jalouser la splendeur.

Cette dernière nous l'a cruellement montré plus tard, par les obstacles de toute espèce que les bureaucrates de la première ville de France n'ont cessé d'opposer aux projets d'embellissemens et aux tentatives d'améliorations de la seconde.

§ VIII.

Bordeaux, à cette époque, occupait un rang parmi les grandes villes européennes. — Elle était notée sur tous les carnets des touristes, et pas un voyageur qui eût vu Rome et Naples, Madrid et Barcelone, Berlin et Vienne, ne voulait quitter la France sans avoir rendu visite à Bordeaux. — Les princes, les grands seigneurs, les poètes et les écrivains célèbres du temps voulurent la voir. — Le duc de Chartres l'avait visitée, les comtes de Provence et d'Artois y étaient venus ; — le comte d'Estaing, le prince de Condé, le duc de Bourbon, l'abbé Delille, et le fameux Cagliostro lui-même, lui rendirent hommage. — L'illustre auteur du *Barbier de Séville*, Beaumarchais, y vint à son tour.

On raconte que Beaumarchais, à peine arrivé à Bordeaux, s'y fit connaître dès le premier jour par une épigramme et par un jeu de mots.

L'architecte Louis était son ami. Il fut le voir, et le trouva au milieu des travaux du Grand-Théâtre. L'architecte, préoccupé des tracasseries que lui suscitaient quelques uns de ses confrères , envieux de son mérite, se laissa aller devant Beaumarchais au découragement dont son cœur était plein.

L'auteur de *Figaro* se voyant au milieu d'un dédale de cabestans , de guindaux , d'échafaudages et d'apparaux de toute espèce , qui servaient , soit à hisser les pierres, soit à mettre en place les charpentes, y fit allusion dans sa réponse, et dit en riant à l'architecte :

— Mon ami, en élevant ce monument à la gloire, ne t'étais-tu donc pas attendu à être encombré par les *grues* (1)?

L'histoire ne nous dit pas ce que pensèrent les grues de ce compliment , aussi vif , du reste , que plein d'à-propos.

Tel était le degré de fortune où Bordeaux était parvenu, lorsque le célèbre agronome anglais Arthur Young, l'ami et le correspondant du Roi d'Angleterre Georges III , passa, lui aussi, à Bordeaux. Young venait d'accomplir alors un voyage d'explo-

_____
(1) Gaullieur l'Hardy, *Portefeuille ichnographique*, p. 44.

9

ration dans l'Europe, qu'il avait visitée en observateur plein de finesse et de connaissances. Il arriva à Bordeaux le 25 août 1787, et voici comment, le lendemain 26, il traduisait l'impression magique que lui avait laissée le spectacle de cette splendeur inouie dans l'histoire :

« Malgré tout ce que j'avais vu ou entendu , dit-il , sur le commerce, les richesses et la magnificence de cette ville, elle surpassa de beaucoup mon attente. Paris ne m'avait pas satisfait, car il n'est pas comparable à Londres ; mais ON NE SAURAIT METTRE LIVERPOOL EN PARALLÈLE AVEC BORDEAUX.

. . . .

» Le Théâtre , fait il y a dix ou douze ans, est certainement le plus beau que l'on trouve en France; je n'ai rien vu qui en approche. Le bâtiment est isolé, et remplit un espace de trois cent six pieds sur cent soixante-cinq; la principale façade contient un portique dans toute sa longueur, soutenu par douze grosses colonnes de l'ordre corinthien. L'entrée du portique est un noble vestibule qui conduit non-seulement aux différentes parties du Théâtre, mais aussi à une superbe salle de concert et à des salons de rafraichissemens et de promenade ; le Théâtre même est d'une immense étendue; il forme le segment d'un ovale.

» L'établissement des acteurs, des actrices , des

chanteurs, des danseurs, de l'orchestre, etc., démontre les richesses et le luxe de la ville. On m'a assuré qu'on a payé depuis trente jusqu'à cinquante louis par soirée, à une actrice favorite de Paris. Larive, premier acteur tragique de la capitale, est actuellement ici, à raison de 500 livres par soirée, avec deux bénéfices. Doberval, danseur, et sa femme, Mlle Théodore, que nous avons vue à Londres, sont engagés, l'un comme maître de ballets, et l'autre comme première danseuse; ils ont un traitement de 28,000 livres. On y joue tous les jours, même les dimanches, comme par toute la France. La manière de vivre qu'adoptent ici les négocians, est très-somptueuse; leurs maisons et leurs établissemens sont d'un genre dispendieux : ils donnent de grands repas, et plusieurs sont servis en vaisselle plate....... Ce Théâtre, qui fait tant d'honneur à Bordeaux, fut élevé aux frais de la ville et coûta 2,300,000 livres (1).

» Le nouveau Moulin à eau, élevé par une Compagnie, est bien digne d'être vu. On a creusé un grand canal soutenu de murailles de pierres de taille maçonnées, de quatre pieds d'épaisseur, pour conduire sous le bâtiment le flot qui met par son

---

(1) Young se trompe ici légèrement sur le chiffre; nous avons fait connaître plus haut le prix des constructions : elles s'élevaient à 2,437,523 liv.

passage les roues en mouvement ; des canaux fort
bien construits le font ensuite passer dans un réser-
voir ; et quand le flot s'en retourne , il fait de nouveau mouvoir les roues. Trois de ces canaux passent
sous le bâtiment, et contiennent vingt-quatre paires de meules. Toutes les parties de ces travaux
sont d'une solidité admirable ; on en estime la dépense à 8,000,000 de livres (1) ; mais je ne puis
croire qu'ils aient exigé une pareille somme.

. . . .

» Les maisons que l'on bâtit dans la ville , témoi-
gnent trop clairement de sa prospérité pour qu'on
puisse s'y méprendre ; les faubourgs sont tous
composés de nouvelles rues , avec d'autres encore
plus nouvellement tracées ou bâties. Ces maisons
sont en général petites ou moyennes, et faites pour
des gens d'une classe inférieure ; elles sont toutes
de pierres blanches, et ajoutent , à mesure qu'elles
s'achèvent, à la beauté de la ville.

. . . .

» Les rentes des maisons et des logemens aug-
mentent tous les jours....; et on élève tant de nou-

(1) L'erreur est ici trop grossière pour que l'on ne doive
pas l'attribuer à une faute d'impression. — Le Moulin des
Chartrons coûta seulement près d'un million ; il fut construit pour le compte de MM. Teyssac frères et Gouffé, et
fonctionna jusque dans les premières années de la Révolution.

velles bâtisses, que cela se joint aux autres causes pour augmenter le prix de toutes les denrées; ils se plaignent que, depuis dix ans, le prix des provisions de bouche ait éprouvé une augmentation de trente pour cent..... Il n'y a guère de plus grande preuve d'une augmentation de prospérité.

» Le traité de commerce avec l'Angleterre étant un sujet trop intéressant pour ne pas attirer l'attention, nous fîmes là-dessus des recherches... Il est ici considéré sous un autre point de vue qu'à Abbeville et à Rouen. A Bordeaux, on le regarde comme une mesure sage, également avantageuse aux deux pays.

. . . .

» Nous allâmes deux fois voir Larive jouer deux principaux rôles, du Prince Noir dans *Pierre-le-Cruel,* de M. du Belloi, et dans *Philoctète,* ce qui me donna une haute idée du Théâtre français. Les auberges sont excellentes dans cette ville, entr'autres l'*Hôtel d'Angleterre* et le *Prince des Asturies.* A la dernière, nous y trouvâmes toutes les commodités imaginables : nous avions des appartements fort élégants, et étions servis en vaisselle plate..., etc..., etc...

» Bordeaux, 26 août 1787. » (1).

(1) *Le Voyageur en France, Espagne, Italie,* par Arthur Young; 1790-91-94. 2 vol. iu-4°. — Arthur Young, qu'i

Voilà comment parlait, à la fin du dernier siècle, l'un des hommes considérables de la Grande-Bretagne, le secrétaire du Bureau d'Agriculture à Londres, et l'un des plus grands voyageurs de l'époque. L'ami du roi Georges, en s'exprimant ainsi sur Bordeaux, ne le faisait pas sans connaissance de cause; il avait visité Londres, Liverpool, Dublin, Gênes et Barcelone; il avait vu, il avait jugé, et malgré tout ce qu'on lui avait dit des richesses et du commerce de Bordeaux, la splendeur de cette ville l'avait frappé d'étonnement.

Ce n'est pas, nous l'avouons, sans une sorte d'orgueil national que nous avons lu cet éloge échappé en passant à la bouche d'un étranger ; il fallait que la ville de Bordeaux fût bien prospère et éclipsât à un bien haut degré toutes les autres, pour qu'un Anglais reconnût ainsi de lui-même, et spontanément, sa suprématie sur Liverpool, c'est-à-dire sur la seconde cité de l'Angleterre.

C'est que Bordeaux était alors une des reines maritimes de l'Europe.

Qu'est devenue depuis cette royauté? — Ce serait sans doute ici le cas de rappeler la touchante

ne faut pas confondre avec le poète Edouard Young, était né en 1741 dans le comté de Suffolk ; il mourut en 1820, après avoir transformé son beau domaine de Bradfied-Hall en ferme-modèle.

ballade du poète Villon sur *les grandes dames du temps jadis.*

Où sont, demandait le gracieux trouvère du quinzième siècle, où sont :

> La reine blanche comme un lys
> Qui chantait à voix de sirène :
> Berthe, au grand pied, Bietris, Allys,
> Harembouges qui tient le Maine,
> Et Jehanne, la bonne Lorraine
> Que Anglais brûlèrent à Rouen :
> Où sont-ils, Vierge souveraine ?
> Mais où sont les neiges d'Antan.

Les neiges d'Antan, c'est-à-dire les neiges de l'an passé. — La gloire et la puissance maritime de Bordeaux se sont, comme elles, évanouies ; comme elles, les verrons-nous un jour revenir ?

§ IX.

« Je vais écrire quelques réflexions sur l'élo-
» quence méridionale. Je veux mettre en relief le
» plus beau titre de gloire de notre pays ; car ce
» n'est pas la poésie, mais bien l'éloquence, qui est
» native du Midi, et qui tôt ou tard y enfantera des
» merveilles. »

(Henri FONFRÈDE, *De l'Éloquence méridionale.*)

Nous approchons du terme de cette histoire si féconde en faits de toute sorte, et cependant la partie la plus douloureuse de notre tâche n'est pas encore accomplie.

Tant de prospérité, tant de richesse et de puissance véritable ne pouvaient durer. Le siècle, nous l'avons dit en commençant cet ouvrage, était à l'esprit révolutionnaire. Louis XVI avait voulu faire des

Français un peuple heureux par le bien-être matériel, par la liberté et par le commerce ; il avait
déjà fait de la France une puissance maritime, ca-
pable de rivaliser avec l'Angleterre ; il avait enfin
successivement réintégré les Parlements, aboli la
question, créé le Mont-de-Piété et établi la Caisse
d'escompte...

Cette dernière création touchait encore intimé-
ment aux intérêts et à l'histoire de la Guienne. —
Lorsque M. Turgot quitta le ministère des finances
en 1776, le Roi confia son portefeuille à M. le baron
de Clugny, intendant de la généralité de Bordeaux
depuis trois ans. Ce fut M. de Clugny qui eut
l'honneur de réaliser la pensée de Louis XVI et d'é-
riger la Caisse d'escompte.

Bordeaux et le reste de la France lui furent ainsi
redevables de l'une des institutions les plus utiles
et les mieux faites pour favoriser les opérations
commerciales.

Du reste, devenu ministre, M. le baron de Clugny n'oublia point les Bordelais, parmi lesquels il
avait vécu.

Il aimait la salle de spectacle de Bordeaux ; il en
favorisa et il en hâta la construction. Il fut le protecteur de l'architecte Louis, et s'attacha essentiel-
lement à aplanir les obstacles que les rivaux de cet
artiste ne cessaient de lui susciter.

M. de Clugny ne fut que fort peu de temps contrôleur–général des finances ; il venait de rendre à la ville de Bordeaux les octrois qu'on lui avait précédemment enlevés, lorsque la mort le surprit. Sa fin fut si prompte, qu'il n'eut pas le temps de faire expédier l'ordonnance relative à ce sujet ; — ce fut son successeur M. Necker qui dut se charger de ce soin.

« M. de Clugny, — lisons-nous dans le *Discours préliminaire* de M. Louis, accompagnant la publication des plans du Grand-Théâtre, — M. de Clugny marchait sûrement dans le département de Bordeaux : il connaissait et ses besoins et ses ressources. Il rendit à la ville ses octrois, par un arrêt du 24 novembre 1776, obtenu sur requête, à la charge de faire une réserve de 50,000 écus par chaque année, lesquels devaient être employés d'abord à l'achèvement de mon entreprise, et ensuite aux édifices publics, qui tous manquent à la ville, tels qu'un Palais pour la justice, un Gouvernement, des Fontaines, un Hôtel de Ville, etc., etc. »

On voit quels étaient les projets de M. de Clugny sur Bordeaux. — Le Roi, en prenant son ministre des finances parmi les administrateurs de notre ville, assurait ainsi à cette dernière un protecteur éclairé et un zélé défenseur.

Le Roi ne s'en tenait pas à ces seules améliorations. — Comme nous venons de le dire, il poursuivait un plan de réformes générales d'où devait

dépendre le bonheur de tous : après avoir créé la
Caisse d'escompte , il avait encore signé le fameux
traité de 1786 , rétabli l'ordre dans les finances ,
décrété l'exportation et le commerce libre des
grains, etc., etc. (1). — Il y eut cependant des hommes que de pareilles institutions ne purent pas satisfaire, et qui jetèrent la France dans les troubles
et dans l'agitation, — poussés, sans doute, par cette
prétention orgueilleuse de faire mieux que celui
qui, sans y être poussé , avait , par la seule grandeur de son âme , par l'unique et ardent amour
de la France , entrepris à la fois de lui donner le
bien-être et de lui rendre la liberté !

Nous n'avons pas à dire ici comment fut déna-
turée la Révolution de 1789, que voulait et que favo-
risait Louis XVI. Ces faits sont trop connus aujour-
d'hui de nos lecteurs pour qu'il soit besoin d'y revenir, même en passant; ce que nous avons à faire
connaître, c'est l'influence que ces derniers évènemens eurent sur la destinée de notre ville.

Cette partie de l'histoire nous amène tout natu-
rellement à dire quelques mots d'un corps depuis

---

(1) Observons que toutes ces réformes et toutes ces institutions, faites au nom de l'intérêt général , avaient un caractère économique qui les rendaient surtout profitables à
Bordeaux, à son commerce, à son industrie et à sa navigation.

longtemps illustre à Bordeaux, et dont plusieurs
membres devaient avant peu se trouver mêlés à la
Révolution et entraînés par elle.

Ce n'est pas sans raison que Henri Fonfrède a pu
écrire en l'honneur de l'éloquence méridionale les
paroles que nous avons mises en tête de ce chapitre; le Barreau de notre ville a toujours été cité, en
effet, comme un des plus célèbres du monde ; aujourd'hui même, au milieu de tant de grandeurs
déchues et de renommées détruites, seul peut-être,
le corps des avocats de Bordeaux a gardé à-peu-près
intactes les traditions de son glorieux passé, et nous
rappelle de temps à autre, par de vives ou d'émou-
vantes plaidoiries, que si l'éloquence des beaux jours
s'est voilée, elle est encore loin d'être éteinte parmi
nous.

Il y a quelques semaines, l'Académie des sciences
de Bordeaux, qui semblerait, elle aussi, depuis peu
de temps, vouloir renaître de ses cendres et repren-
dre au moins l'ombre de l'éclat qu'elle a jeté jadis ;
l'Académie, disons-nous, plus soucieuse de notre
histoire locale qu'elle ne l'avait été pendant bien des
années précédentes, mettait au concours l'histoire du
Barreau de Bordeaux depuis 1780 jusqu'en 1815.

Volontairement ou à son insu, l'Académie ren-
dait, par cette proposition, la plus belle et la plus
éclatante justice au règne de Louis XVI. — Elle ne
pouvait choisir, en effet, dans les annales du Bar-

reau Bordelais, une époque à la fois plus brillante,
plus animée, plus dramatique, et, il faut bien le
dire, hélas! plus mélangée de douloureux et de san-
glans souvenirs.

Nous ne voulons pas venir ici sur les brisées des
littérateurs et des historiens qui vont sans doute
concourir pour le prix académique, et traiter cette
matière si fertile, si variée, et, nous le disons presque avec envie, si attrayante pour une plume quelque peu laborieuse.

Nous nous en tiendrons pour notre part aux simples exigences de ce livre, et nous nous bornerons à faire connaître en passant le nom de quelques-uns de ces hommes qui jetèrent tant d'éclat, et
qui, après avoir successivement disparu de la scène
où ils brillèrent, ne moururent pas cependant tout
entiers, et nous laissèrent dans leurs fils toute une
seconde génération d'avocats, de magistrats et de
jurisconsultes que nous avons presque tous connus,
et dont les noms s'échappent journellement de la
bouche de chacun de nous.

En 1789, le Barreau Bordelais n'était pas composé de moins de cent soixante maîtres. — Certes,
il y eut parmi eux des hommes médiocres et qui
restèrent obscurs; cependant, nous sommes bien
obligés de le reconnaître, jamais notre ville n'en
vit un plus grand nombre arriver, en peu d'années,
à une si brillante et si rapide réputation.

Parmi ceux qui s'étaient fait, dans tout le ressort du Parlement de Guienne, une célébrité méritée, on en remarquait plusieurs, tels que :

> Brochon père,
> De Brezets,
> Duranteau fils,
> Denucé,

et d'autres encore qui se distinguaient, soit par leurs connaissances de jurisconsultes, soit par l'habileté, l'éclat et le bonheur de leurs plaidoiries.

A côté d'eux, on voyait briller :

Duranthon, l'un des membres les plus sages et les plus instruits du Barreau, dont Louis XVI, au déclin de la Monarchie, devait faire, comme nous le verrons bientôt, son dernier ministre ;

Lumière, l'auteur des *Recherches sur le Droit public et les Etats-Généraux de Guienne,* que nous avons déjà signalé dans le second chapitre de cette histoire ;

De Martignac père, qui, à l'instruction la plus variée, à la parole quelquefois la plus séduisante, joignait l'amour de son pays et une sollicitude constante pour tout ce qui pouvait illustrer ou grandir la ville qui lui avait donné le jour.

Est-il besoin enfin de rappeler le nom de deux

hommes qui, il y a quelques années, étaient encore parmi nous? — M. le premier président Roullet et M. Emérigon, président du Tribunal civil, appartenaient l'un et l'autre à cette époque. M. Roullet faisait partie du Barreau depuis 1789 ; M. Emérigon fut reçu à Aix, en 1772 ; attiré par la réputation et par le vif éclat que jetait à la fin du XVIIIe siècle le corps des avocats de Bordeaux, il ambitionna, lui aussi, la faveur de lui appartenir. — Il entra dans le corps en 1788, et s'y distingua, dès l'origine, par cette profonde pénétration et cette grande science du Droit civil, qui en avaient fait certainement un des hommes les plus étranges et les plus remarquables de notre temps.

Disons encore que le dernier membre de cet ancien Barreau Bordelais, si fertile en illustrations, M. Dupac, a été pendant de longues années le doyen du Barreau actuel, auquel il rappelait, pour ainsi dire, la tradition de l'âge précédent. M. Dupac est mort presque centenaire, il y a environ 15 ou 18 mois.

Tous les hommes que nous venons de nommer se distinguaient, non-seulement par leur facilité à manier la parole, mais encore par leur grande instruction dans le Droit. — Pour bien comprendre les immenses études auxquelles il fallait se livrer, et le talent qu'il fallait avoir pour les faire avec succès, il est nécessaire de dire un mot de la légis-

lation embrouillée, des lois innombrables, diffuses,
et souvent contradictoires, auxquelles on était as-
sujetti.

Le Parlement de Bordeaux ne suivait pas seulement le *Droit écrit*, déjà très-compliqué par lui-
même ; il y avait dans son ressort plusieurs coutumes locales homologuées par cette Cour, et que les
avocats devaient connaître parce qu'elles faisaient
la loi particulière des cantons où elles étaient établies.

Il y avait ainsi la *Coutume de Bordeaux*, pour la
sénéchaussée de Guienne et tout le pays Bordelais ;
la *Coutume de Dax* et la *Coutume de Bayonne*, pour
le pays de Labour et une partie des Landes. Il y
avait la *Coutume du Marsan*, *du Tursan*, et *du Ga-
bardan ;* il y avait celle de Saint-Sever dans la Cha-
losse, et celle de Saint-Jean-d'Angély dans la Saintonge du Nord.

D'autres coutumes, sans être homologuées par le
Parlement de Guienne, étaient cependant autorisées
par l'usage : telle était celle de la Saintonge du Sud,
appelée l'*Usance de Saintes*.

Il y en avait enfin qui n'étaient ni autorisées
par l'usage ni homologuées par le Parlement : les
Coutumes d'Agen, de Limoges, et de quelques autres villes, étaient de ce nombre.

Tel était le dédale législatif au milieu duquel devaient se démener en 1780 les avocats de Bordeaux.

Cette étude, comme on le voit, devait être autrement laborieuse que celle que nécessitent aujour-
d'hui nos Codes criminels et civils, si réguliers, si
clairs, et si peu sujets aux fausses interprétations.
—Elle donnait lieu à des recherches immenses, et
quelquefois à de véritables travaux historiques.
C'est dans ce labyrinthe presque sans issues que brillèrent les Brochon, les Martignac, les Emérigon
et les Roullet. C'est dans l'étude patiente de ces
Coutumes, c'est dans l'interprétation de ces usages,
dont quelques-uns remontaient presque à l'origine de la Monarchie, que ces hommes acquirent
cette facilité dans le travail, cette lucidité dans le
Droit, qui leur donnaient, il y a dix ans encore, une
si grande supériorité sur leurs jeunes contempo-
rains.

C'est au milieu de ces travaux et de ces luttes
oratoires qu'éclata la tourmente révolutionnaire.

Le Barreau Bordelais, nous sommes bien obligés
de le reconnaître, n'y resta pas étranger. Plusieurs
d'entr'eux, ceux surtout qui brillaient le plus par
l'éloquence, se laissèrent, à leur tour, aller aux en-
traînemens de la Révolution.

Celle-ci promettait la liberté, l'égalité, le bonheur; elle parlait de la vertu comme Caton d'Utique,
et de l'éloquence comme Cicéron. Voilà pourquoi,
probablement, bien des hommes honnêtes, sans
doute, mais que passablement d'ambition, et beau-

coup de légèreté ou d'orgueil, entraînèrent, se joignirent au courant, et grossirent ainsi ce fleuve indiscipliné qui devait bientôt tout engloutir.

Les orateurs les plus éloquens du Barreau Bordelais, ceux que l'on aimait le mieux à entendre, et qui faisaient foule, soit à la Grand'Chambre, soit aux Requêtes, aux Enquêtes ou à la Tournelle, étaient Vergniaud et Guadet.

Vergniaud, quoique originaire de Limoges, était l'un des plus jeunes avocats de Bordeaux ; il n'était admis au nombre des maîtres que depuis sept ou huit ans, lorsque les Etats-Généraux se réunirent.

Ce que l'on aimait dans Vergniaud, c'était la pureté de son langage, la noblesse et l'élégance de ses discours. Il commençait simplement ses plaidoiries par un exposé lucide de la situation ; il échauffait peu à peu son auditoire, semblait s'enflammer avec lui, et arrivait ainsi insensiblement à produire les impressions oratoires les plus touchantes ou les plus énergiques. Doué de grands moyens et d'une éloquence facile, il improvisait toujours.

Guadet était plus vif et plus pétulant que Vergniaud ; il improvisait comme lui, mais non pas avec cette sorte de nonchalance et de lenteur, peut-être calculée, que Vergniaud apportait dans ses allocutions.

Les improvisations de Guadet étaient impétueuses et entraînantes ; il se montrait, dès l'exorde de ses

discours, ce que Vergniaud était seulement dans la
péroraison.

On commençait par admirer Guadet, mais on
finissait par applaudir Vergniaud.

Parmi ceux de leurs collègues qui jouissaient
encore à Bordeaux d'une réputation méritée, on
distinguait, quoique sous un jour plus modeste,
Grangeneuve et Gensonné (1).

Grangeneuve était passionné, exagéré même dans
ses opinions ; il était moins grand orateur peut-être
que Gensonné, mais on devinait en lui un esprit
élevé, un caractère loyal et peu accessible aux
transactions de la conscience. Gensonné, au con-

(1) Voici à quelles époques étaient entrés dans le corps
des avocats les différens membres du Barreau que nous
venons de nommer :

MM. Brochon père, 1752 ;
De Brezets aîné, 1760 ;
Duranteau fils, 1763 ;
Duranthon, 1764 ;
Lumière, 1764 ;
De Martignac père, 1765 ;
Grangeneuve, 1776 ;
Guadet, 1777 ;
Gensonné, 1779 ;
Dupac, 1779 ;
Vergniaud, 1781 ;
Denucé, 1782 ;
Émérigon, 1788.

traire, était plus froid, plus calme, plus mesuré,
mais il était plus sceptique, et devait être également plus ambitieux.

Il en était enfin un autre qui, lui aussi, pos-
sédait autant, et peut-être plus que ces derniers,
le beau don de l'éloquence et de l'entraînement de
la parole ; mais celui-là devait jouer à cette époque
un rôle bien autrement glorieux : l'avenir, ou plutôt la Providence elle-même, l'avait destiné à la
plus sainte et à la plus grande mission dont il pût
être jamais donné à un homme d'ambitionner l'accomplissement.

. . . .

§ X.

Ce furent ces quatre membres du Barreau Bordelais, Guadet, Grangeneuve, Gensonné et Vergniaud, qui, avec le négociant Ducos (1) et quelques autres de leurs concitoyens, composèrent en 1791 la fameuse députation de la Gironde.

Devenus membres de l'Assemblée Législative, Vergniaud, Guadet et Gensonné ne tardèrent pas à se faire connaître et furent bientôt considérés comme les chefs de ce parti à la fois exalté, violent et enthousiaste, auquel ils donnèrent eux-mêmes le nom de *Girondins*.

---

(1) Boyer-Fonfrède ne fut nommé qu'en 1792 pour faire partie de la Convention.

Les Girondins, nous aimons à le reconnaître, expièrent, autant que cela se pouvait, par leur belle mort, les fautes et les erreurs criminelles qu'ils commirent ; mais il nous est impossible de ne pas nous exprimer avec tristesse sur le compte de ces hommes, qui furent nos concitoyens, qui jouirent à Bordeaux de tout l'éclat que le règne de Louis XVI donna à notre ville, et qui cependant ne lui tendirent, à la dernière heure, qu'une main glacée et timide, pour l'arracher du gouffre où leurs passions avaient précipité le dernier représentant de la Monarchie française.

Quand on lit l'histoire de cette époque, on éprouve une touchante émotion en y trouvant les traces de la sympathie mystérieuse que Louis XVI, encore Roi, et se confiant à sa dernière ancre de salut, semblait éprouver pour les Girondins, quels que fussent cependant les trop justes reproches qu'il eût pu avoir à leur faire. C'est, nous le croyons, un côté de notre histoire locale qui n'a pas jusqu'à ce jour assez complètement attiré l'attention de nos concitoyens, et qui nous semble cependant offrir assez d'intérêt pour trouver une place dans ce travail.

Depuis 1790 les évènemens avaient marché. L'Assemblée Législative avait succédé à la Constituante ; l'année 1792 venait de commencer ; chaque jour les luttes devenaient plus vives, et les passions plus menaçantes. Les Girondins voyaient enfin s'élever à côté d'eux un parti dont Marat et Robespierre étaient les chefs, et qui, s'ils n'y prenaient garde, ne devait pas tarder à les détruire.

Louis XVI, au milieu du démembrement de son pouvoir et de cette décomposition générale, voulut tenter un dernier effort pour sauver la Monarchie, et les Girondins avec elle.

« Il songea, dit M. Thiers, que l'on ne suspectera point de trop de partialité, il songea à se rapprocher de la Gironde, qui était républicaine. Il est vrai qu'elle ne l'était que par défiance du Roi, qui pouvait, en se livrant à elle, réussir à se l'attacher. »

Louis XVI ne se livra pas comme l'entendait et comme l'aurait voulu, sans doute, M. Thiers ; mais il appela à lui les Girondins ; il prit ses ministres parmi eux ; il les invita à travailler avec lui et à sauver, s'il était encore possible, cette France qui allait mourir.

Ce fut Gensonné qui eut l'honneur d'être consulté sur le choix et sur la composition du cabinet. On ne pouvait, d'après la loi, prendre les ministres dans l'Assemblée actuelle ni dans la précédente. Le Roi ne pouvait donc confier, comme il l'eût sans doute voulu, son ministère à Vergniaud, à Guadet, à Grangeneuve et aux autres députés de la Gironde. Ne pouvant s'adresser aux Girondins eux-

mêmes, le Roi prit pour ministres des hommes re-
commandés par eux.

Parmi les membres du nouveau conseil, se
trouvait Duranthon, à qui Louis XVI confia le
portefeuille de la justice. Duranthon était depuis
1764 avocat à Bordeaux, où il remplissait, au
moment de sa nomination, la charge de procu-
reur-syndic (1) ; — c'était un homme éclairé,
d'un esprit droit, mais un peu faible. Avec plus d'é-
nergie et le secours de la Gironde, il aurait pu
peut-être dompter la Révolution, ou du moins la di-
riger et la conduire dans une voie meilleure.

Mais, nous l'avons dit, les Girondins ne surent
pas comprendre les bonnes intentions du Roi.

Louis XVI, cependant, les avait loyalement et sincèrement appelés à lui. L'activité de ses nouveaux
ministres et leur talent pour les affaires lui conve-
naient.

« Leurs réformes économiques surtout, dit encore M. Thiers, lui plaisaient, car il avait toujours

(1) Il était dans la destinée de Bordeaux de voir son histoire mêlée à toutes les grandes époques du Gouvernement
de Louis XVI. Presque au début de son règne, et lorsqu'il
jouissait de toutes ses prérogatives, le Roi eut pour ministre M. de Clugny, intendant de la généralité de Bordeaux ;
au déclin de son pouvoir, ce fut M. Duranthon, procureur-
syndic de la même ville, qui obtint encore la préférence.

aimé ce genre de bien qui n'exigeait aucun sacrifice
de pouvoir ni de principe. La Gironde, qui n'était
républicaine que par méfiance du Roi, cessa de l'être
alors, et Vergniaud, Gensonné et Guadet entrèrent
en correspondance avec Louis XVI, ce qui, plus
tard, fut contre eux un chef d'accusation. » (1).

Mais la Gironde, malheureusement, manquait de
clairvoyance et d'esprit politique; elle était incons-
tante, emportée et soupçonneuse. Ses passions révolutionnaires l'aveuglaient. Après avoir forcé le Roi à
déclarer la guerre à la Hongrie, les Girondins re-
prirent pour le moindre prétexte leur rôle de vio-
lente opposition.

Tout dès-lors fut perdu. Séparé des députés de
la Gironde, Louis XVI ne cessa pas cependant d'a-
voir jusqu'au dernier moment des rapports avec
eux. Vergniaud et ses collègues étaient encore consultés en secret (2); mais l'aveuglement des Girondins était resté le même. — Les évènemens se précipi-
taient; les factions se montraient chaque jour plus
menaçantes; — enfin, la journée du 10 août arriva.

Le pouvoir de Louis XVI, qui n'était depuis plusieurs mois qu'une fiction, s'évanouit tout-à-fait pour

(1) Thiers, *Révolution française*, tome I, page 198.

(2) Vergniaud, Gensonné et Guadet correspondaient
avec le Roi par l'entremise de M. Boze, peintre de Sa Majesté.

faire place à la Révolution triomphante et à une
République sans frein. C'est alors seulement que
les Girondins ouvrirent les yeux ; mais, ni l'éloquence de Vergniaud, ni les efforts de Gensonné,
ni le langage brûlant de Guadet, ni la colère de
Grangeneuve, ne purent empêcher l'avènement de
ce pouvoir nouveau et terrible , qui avait grandi
dans les clubs à l'ombre des bonnets de laine, et qui
donna à la France la sanglante tyrannie des Robespierre et des Saint-Just.

L'histoire de Charles Stuart devint dès-lors celle de
Louis XVI : délaissé, abandonné, isolé des siens, le
dernier fils de saint Louis vit tomber de sa tête jusqu'à cette *couronne constitutionnelle,* que, par déri-
sion sans doute, on lui avait laissée. — Les évènemens de ces temps lamentables sont encore trop
présens à tous les souvenirs pour que nous ayons
besoin de les rappeler ici. Le Roi, découronné et dé-
pouillé de sa dernière égide, fut accusé et mis en
jugement.

Ce fut encore à un avocat de Bordeaux que
Louis XVI confia sa cause, comme il avait, quelques
mois avant , confié son dernier ministère à Duranthon.

Son choix tomba sur M. De Sèze. Ce nom est trop
populaire à Bordeaux pour que nous ayons besoin
d'en faire l'éloge. M. De Sèze , né parmi nous en
1750, appartenait au Barreau de notre ville ; il en

fut sans contredit la plus grande et la plus pure il-
lustration.

Il s'était fait remarquer dès l'origine, et avait
paru devant le Parlement de Guienne dans une
circonstance assez mémorable. Il fut le premier avocat qui reprit la parole après que ce corps fut rétabli par Louis XVI.

M. le comte de Noailles, duc de Mouchy, avait été
envoyé par le Roi pour procéder à cette réintégration ; ce dernier était porteur de lettres de com-
mandement qui, pour avoir force de lois, devaient être
enregistrées. Ce fut Me Romain De Sèze qui en plaida
l'enregistrement, le 20 mars 1775, devant le corps
parlementaire nouvellement installé.

Après avoir parlé avec un grand éclat au Parlement de Bordeaux, De Sèze était venu à Paris et
avait plaidé dans deux affaires restées célèbres, celles des filles du philosophe Helvétius et du baron
de Bezenval, accusé de trahison. — Sa réputation
était donc déjà faite lorsqu'il fut appelé comme défenseur du Roi.

Le procès s'ouvrit le 26 décembre 1792. On sait
avec quel attendrissement, quelle énergie et quelle
puissance de parole, il défendit l'auguste client qui
lui avait remis le soin de sa défense.

La Convention, qui s'était alors constituée en Tribunal révolutionnaire, et qui, à peu d'exceptions
près, n'était composée que d'hommes violens et

prévenus, en fut elle-même vivement impressionnée. Nos concitoyens nous saûront gré de mettre sous leurs yeux les paroles pleines de simplicité, de cœur et de courage, par lesquelles De Sèze couronna son admirable et touchant discours.

Le défenseur, dit M. Thiers lui-même, termina par ces mots si courts, si justes, et les seuls où il fut question des vertus de Louis XVI :

« Louis était monté sur le trône à 20 ans, et à
» 20 ans il donna sur le trône l'exemple des mœurs;
» il n'y porta aucune faiblesse coupable ni aucune
» passion corruptrice; il y fut économe, juste, sé-
» vère, et il s'y montra toujours l'ami constant du
» peuple. Le peuple désirait la destruction d'un
» impôt désastreux qui pesait sur lui, il le détrui-
» sit; le peuple demandait l'abolition de la ser-
» vitude, il commença par l'abolir lui-même dans
» ses domaines; le peuple sollicitait des réformes
» dans la législation criminelle pour l'adoucisse-
» ment du sort des accusés, il fit ces réformes; le
» peuple voulait que des milliers de Français, que
» la rigueur de nos usages avait privés jusqu'alors
» des droits qui appartiennent aux citoyens, ac-
» quissent ces droits ou les recouvrassent, il les en
» fit jouir par ses lois; le peuple voulut la liberté,
» il la lui donna! Il vint même au-devant de lui
» par ses sacrifices; et cependant, c'est au nom de ce

» même peuple qu'on demande aujourd'hui.......
» citoyens, je n'achève pas..... je m'arrête devant
» l'histoire; songez qu'elle jugera votre jugement,
» et que le sien sera celui des siècles. »

. . . .

Ce cri de la vérité et de la justice tombé de la
bouche émue d'un Bordelais, fut entendu de la
France entière et retentit jusqu'aux extrémités
de l'Europe. La seule Convention, sombre et farou-
che, refoula en elle-même les remords qui commen-
çaient à l'assaillir et poursuivit jusqu'au bout sa hi-
deuse mission. — Aussi, le jugement des siècles que
De Sèze lui avait promis ne lui a pas manqué; il a
déjà commencé pour elle, et l'avenir, qui la couvrira
d'une éternelle infâmie, s'est chargé de son châti-
ment.

§ XI.

Ici devrait s'arrêter notre histoire. Bordeaux, en
effet, avait vu peu à peu sa prospérité disparaître.
Depuis 1790, son commerce avait rapidement dé-
cru. Cependant, comme si le génie protecteur de
Louis XVI, tout affaibli que fût son pouvoir, eût
encore veillé sur nous, les affaires n'avaient pas
complètement cessé; les relations de Bordeaux avec
Saint-Domingue s'étaient maintenues ; la révolte
des nègres, des *Associés Mulâtres* et des *Mulâtres Assassins,* n'avait pu réussir à éteindre toute espèce
de transactions ou de rapports entre Bordeaux et
la colonie.

Mais le 21 janvier 1793 arriva. Ce jour de deuil
et de larmes pour la France entière porta le der-

nier coup à la prospérité de Bordeaux : le génie
maritime de la France, le protecteur du commerce,
le seul Roi qui eût peut-être, du temps de sa puissance, causé à l'Angleterre des appréhensions sé-
rieuses, venait d'expirer sur l'échafaud (1).

La Grande-Bretagne, qui aurait pu, quelques
mois auparavant, sauver peut-être, par une intervention opportune, ce Roi qu'elle laissa mourir dans
un sombre silence, se joignit alors aux autres na-
tions qui avaient déjà déclaré la guerre à la République. Tout commerce et toute industrie disparurent, les armemens commencés s'interrompi-
rent, et le 30 janvier 1793, M. Lavau de Gayon,
commissaire ordonnateur du port de Bordeaux,

(1) A l'heure fatale du jugement, les Girondins, assaillis
tout-à-coup par des appréhensions inexplicables, hésitèrent,
pâlirent, et déposèrent enfin dans l'urne conventionnelle le
bulletin qui envoyait Louis XVI au supplice.

Vergniaud lui-même, qui avait défendu la vie du Roi à
la tribune avec une grande éloquence, donna le premier
l'exemple de la déroute; il transigea avec sa conscience, qui
lui parlait cependant si haut en faveur de ce Roi déchu et
malheureux; il vota la mort *avec sursis* et *appel au peuple.*

Sa défection entraîna les autres. Guadet et Gensonné l'i-
mitèrent. — Grangeneuve, le plus exalté, il est vrai, mais
aussi le plus sincère et le plus loyal des Girondins, eut seul
l'insigne courage de se prononcer contre la mort, et de
rendre ainsi, à la députation de la Gironde, un représentant
dont Bordeaux pût, du moins, s'enorgueillir.

reçut du citoyen Monge, ministre de la marine, la dépêche suivante :

Ordre de mettre embargo sur tous les navires anglais, prussiens, autrichiens et hollandais, qui se trouveront dans la rade de Bordeaux, et d'étendre cette mesure à TOUS LES NAVIRES FRANÇAIS *qui ne seront pas immédiatement destinés à transporter des comestibles ou des munitions navales dans un des quatre principaux ports de mer.*

Le mouvement, l'agitation et la vie dont la rade avait été jusqu'alors le théâtre, cessèrent du même coup.

Les cales, jadis encombrées de colis et de marchandises, devinrent désertes ; les entrepôts et les comptoirs se fermèrent ; une foule d'armateurs et de négocians, désespérés, partirent de la ville.

C'était bien la République qui seule régnait alors sur la France désolée, et qui venait de faire connaître à Bordeaux son existence officielle.

Quelques jours avant la lettre de Monge, la nouvelle de la mise en jugement et du supplice du Roi était arrivée à Bordeaux.

Les communications n'étaient pas, comme maintenant faciles, et de tous les jours. Le courrier de Paris ne faisait le voyage de Bordeaux que deux fois par semaine; pendant l'hiver surtout, le mauvais état des routes, que l'on ne songeait plus à réparer, retardait considérablement sa marche et son arrivée. Ce n'était donc guère que le quatrième ou le cinquième jour que les lettres parvenaient à Bordeaux (1).

Les papiers publics étaient d'un autre côté moins répandus qu'ils ne le sont à présent. Mille rumeurs confuses et contradictoires couraient de toutes parts.

Lorsque la première nouvelle de la condamnation et de la mort fut donc connue dans Bordeaux; lorsque l'on vit quelques misérables, échappés du *Club national* et de la *Section Franklin* (2), parcourir les rues de la ville en hurlant une horrible chanson triomphale, dont nous n'osons souiller ces pages, une morne épouvante et une sorte

---

(1) Le courrier de Paris partait de Bordeaux le mardi et le samedi, vers une heure du soir; l'arrivée avait lieu le mercredi et le samedi, quand la malle n'était pas retardée par le mauvais temps ou l'état des chemins.

(2) Le *Club national* et la *Section Franklin* servaient alors d'asile au rebut de la population bordelaise. Ils représentaient à Bordeaux le club des *Jacobins* de Paris. — Le récit des incroyables excès de ces hommes, qui répandirent l'épouvante dans notre ville, fera l'objet d'un ouvrage à part, que nous nous proposons de publier assez prochainement, sous le titre d'*Histoire de la Révolution à Bordeaux*.

12

d'horreur silencieuse s'emparèrent en même temps
de tous les cœurs. On comprit bien alors que tout
était fini, et que si la tête d'un Roi n'avait pas été
respectée, il n'y avait plus dans le territoire de la
République d'existence sûre pour personne.

Dans les campagnes de la Guienne, où l'esprit
était plus libre, la désolation se trahit davantage.
Un même cri, rendu dans ce pittoresque idiôme
que les Parisiens appellent aujourd'hui un patois, et
qui fut pourtant autrefois la langue de nos pères,
s'échappa de toutes les bouches :

« *Ann tuât lou Rey !!!* »

disaient les paysans du Médoc, du Bazadais et de
l'Entre-deux-Mers.

« Ils ont TUÉ le Roi ! »

Ces hommes simples, primitifs, et presque sauva-
ges, venaient de traduire en quelques mots d'une
tristesse amère le sentiment de plusieurs millions
d'hommes, que la Terreur naissante et l'épouvanta-
ble forfait qui venait de s'accomplir, avaient glacés
de frayeur.

A Bordeaux, avant que les premiers bruits de
la condamnation eussent été confirmés, on aurait
voulu pouvoir ne pas y croire ; mais les incertitu-

des, hélas! et les dernières espérances, se furent bientôt évanouies.

Le courrier de Paris arriva : la nouvelle n'était que trop réelle. — Le doute même n'était plus permis.

Quelques jours après, le *Journal de Bordeaux et du département de la Gironde*, publia, de son côté, le testament du Roi martyr.

Les Bordelais y trouvèrent encore un touchant souvenir, sinon pour eux-mêmes, du moins pour un de leurs compatriotes, pour celui qui leur était certainement alors le plus cher, et qu'ils eussent porté en triomphe, si la peur n'eût, dès ce moment, tout courbé sous son joug.

« Je pardonne, disait le Testament, écrit de cette
» même main qui avait signé successivement l'al-
» liance avec l'Amérique, la déclaration de guerre
» à la Grande-Bretagne (1), la paix de 1783 et le
» traité de 1786, je pardonne encore très-volontiers
» à ceux qui me gardaient, les mauvais traitemens

(1) Cette guerre, qui dura quatre ans, de 1779 à 1783, porta à la nation anglaise le plus rude coup qu'elle eût reçu depuis l'évacuation de la Guienne, en 1453. Non-seulement elle perdit ses possessions d'Amérique, mais encore sa dette, qui ne se trouvait, avant cette époque, que de 3 milliards 674 millions, avait atteint, en 1785, le chiffre de 6 milliards 668 millions : elle avait doublé en moins de dix ans.

» et les gênes dont ils ont cru devoir user envers
» moi. J'ai trouvé quelques âmes sensibles et com-
» pâtissantes ; que celles-là jouissent dans leur
» cœur de la tranquillité que doit leur donner leur
» façon de penser.

» Je prie MM. de Malesherbes, Tronchet et
» DE SÈZE, de recevoir ici tous mes remercîmens,
» et l'expression de ma sensibilité, pour tous les
» soins et les peines qu'ils se sont donnés pour moi.

» Je finis en déclarant devant Dieu, et prêt à pa-
» raître devant lui, que je ne me reproche aucun
» des crimes qui sont avancés contre moi.

» Fait double, à la Tour du Temple, le 25 dé-
» cembre 1792.

» *Signé* LOUIS. »

Le dernier mot de Louis XVI, le dernier accent de
sa reconnaissance, fut ainsi adressé à un Bordelais;
il semble qu'il eût voulu, avant de se détacher entièrement de ce monde et d'oublier toute chose terres-
tre, consacrer ainsi par un dernier souvenir cette
longue et inépuisable sympathie qui l'avait tour à
tour rapproché de M. le baron de Clugny, de Vergniaud, de Gensonné, de Guadet, de Duranthon,
de M. De Sèze, et de tout ce qui, de près ou de loin,
tenait à la Gironde, à sa fortune, à sa gloire et à son
bonheur !

§ XII.

Notre histoire est arrivée à son terme. Nos lecteurs ont vu ce que fit Louis XVI ; ils savent l'influence heureuse que son règne, que ses idées économiques, ses réformes commerciales et son véritable génie maritime, exercèrent sur Bordeaux. — Ils savent si ce Prince infortuné, et cependant si digne d'être heureux, eut quelque droit à leur reconnaissance.

La statue de Jeanne-d'Arc dominera bientôt à Orléans ; la statue de Jean Sans-Peur se voit déjà en Bourgogne; celle de Jeanne Hachette semble toujours veiller à la défense de Beauvais; celle du bon roi René règne dans l'Anjou ; celle de Napoléon Ier enfin brille à Paris, à côté d'Henri IV et de Louis XIV ; — Louis XVI seul n'a pas encore parmi nous un monument qui nous rappelle sa mémoire.

L'unique statue que lui ait élevée la piété des souscripteurs bordelais, et qui devrait depuis plus de vingt ans orner notre ville, repose toujours à Paris dans la poussière, dans l'obscurité, et dans une sorte d'exil provisoire.

S'il était besoin cependant d'un nouvel argument pour plaider en faveur d'une cause déjà toute gagnée, nous le trouverions dans un dernier bienfait du Gouvernement de Louis XVI.

Cette immense place d'où sa statue est absente, et où cependant elle aurait, nous croyons, quelque droit de briller, nous a été donnée par lui.

C'est sous Louis XVI, en 1785 et dans les années suivantes, que la démolition du Château-Trompette fut définitivement résolue et que les terrains situés sur l'emplacement de cette forteresse furent concédés.

Louis XVI, pour faciliter la vente du sol et favoriser par conséquent l'exécution de la place, exempta les acquéreurs de tous droits et déclara que les étrangers non naturalisés, de quelque nation qu'ils fussent, seraient *censés régnicoles*, c'est-à-dire jouiraient des droits de citoyens français, à la seule condition de posséder soixante toises de superficie dans cette partie du territoire.

La démolition des barraques qui obstruaient l'emplacement fut aussitôt entreprise; deux bastions du Château furent abattus ; les cales qui devaient être établies le long du fleuve furent commencées, et si les travaux, qui se poursuivaient avec toute l'activité possible, furent interrompus, c'est aux seuls évènemens politiques d'alors qu'on peut en attribuer la cause.

Les ornementations de la place étaient dignes du Roi qui avait voulu en doter la ville de Bordeaux ; c'est encore l'architecte Louis qui fut chargé d'en faire le plan et qui l'exécuta.

Si les projets de Louis eussent été réalisés, Bordeaux fût devenu en moins de dix ans la plus belle cité de l'Europe.

La gravure que nous avons fait mettre au commencement de cet ouvrage, a été tracée sur le plan réduit de l'architecte; elle ne peut donner cependant qu'une imparfaite idée des proportions colossales que l'on devait donner aux bâtisses élevées sur l'esplanade du Château-Trompette.

Voici une description de cette même place, empruntée à un journal de l'époque; les détails qu'on va lire achèveront de nous faire connaître le splendide panorama, tout composé de palais, de portiques, de bas-reliefs , de colonnades et de statues,

dont Louis voulait faire à la fois honneur, et aux
Bordelais de son temps, et à ceux des générations à
venir.

« Nous ne pouvions mieux commencer cet arti-
cle, dit l'auteur anonyme de la description (1), qu'en
rapportant un passage du discours de M. le con-
trôleur-général à l'Assemblée des Notables, lorsqu'il
fait l'énumération des ouvrages qui contribueront
à illustrer le régime actuel :

« La superbe place qui s'érige à Bordeaux, sur les
» ruines d'une *inutile* forteresse, procurera les
» communications les plus intéressantes, en même
» temps qu'un des plus beaux points de vue de l'u-
» nivers. »

» Cette place, continue l'écrivain, sera formée par
un demi-cercle de 150 toises de diamètre, dont les
deux extrémités se termineront par deux parties
droites, parallèles au quai, d'environ 60 toises de
longueur chacune ; la profondeur sera de 120 toises et la circonférence de 265. Elle sera divisée en
13 arcs de triomphe qui donneront issue à 13 rues
de 54 pieds de largeur, toutes divergentes et tendant

(1) JOURNAL DE GUIENNE, imprimé par Calamy, rue Pra-
del, près de l'Archevêché ; numéro du 15 mars 1787.—(*Description de la nouvelle place de Louis XVI sur le terrain
du Château-Trompette.*)

au centre de la place, où sera élevée une statue co-
lossale qui rappellera celles de *Trajan* et d'*Anto-
nin*.

» La statue du Roi sera élevée au-dessus de la colonne, d'où ELLE POURRA ÊTRE VUE DE TOUTES LES
PARTIES DE LA VILLE. La hauteur de cette colonne,
de son piédestal, et de la statue de Sa Majesté, sera
d'environ 180 pieds, et son diamètre de 15. Elle
sera décorée de bas-reliefs et de tous les attributs
qui caractérisent les vertus bienfaisantes de notre
auguste Monarque.

» La décoration des bâtimens qui forment la
place offrira la plus grande magnificence. Les
arcs de triomphe seront ornés chacun de quatre
colonnes isolées, d'ordre composite, formant trois
ouvertures qui prendront toute la largeur, sur environ soixante-six pieds de hauteur, au milieu de
l'arc; les deux ouvertures latérales seront pour le
passage des gens de pied ; elles auront la distance
d'un entre-colonnement, et toute la hauteur de la
colonne et de son piédestal. Les parties supérieures
des arcs de triomphe seront ornées de trophées et de
groupes relatifs aux évènements honorables à la
nation.

» Les parties destinées à former les bâtimens
d'habitation auront environ 12 toises de largeur.
Elles seront décorées en pilastres, de même ordonnance que les arcs de triomphe, ainsi que le quai

de *Calonne.* Le développement entier et uniforme de cette décoration sera de 385 toises.

» Si la grandeur, la beauté de ce projet, dit encore le même rédacteur du *Journal de Guienne,* paraît séduisante aux amateurs des beaux-arts, il n'est pas moins avantageux au commerce, par les établissemens utiles qu'on y pourra faire. Les communications que ces rues vont établir entre la ville et les fauxbourgs de Saint-Seurin et des Chartrons, seront de la plus grande commodité, et donneront une valeur considérable à cette nouvelle ville.

» La disposition de ces 13 rues, aboutissant à un centre commun, est un trait de génie qui fait le plus grand honneur à l'artiste qui en est l'auteur. Cette disposition donne un même avantage à toutes les maisons qui y seront situées, puisqu'elles auront vue sur la place et sur la rivière. Il n'y aura d'autre différence que celle des communications avec la ville.

» *On se propose de faire construire plusieurs bâtimens publics, nécessaires au commerce,* pour en augmenter l'activité et diminuer les faux frais. Du côté des Chartrons, *on formera une cale* semblable à celle du Chapeau-Rouge, afin de faciliter le débarquement des objets à mettre en entrepôt dans toutes les parties de ce local, désormais renfermé dans la ville.... »

Nous pourrions encore ajouter quelques détails à ceux que donnait en 1787 le *Journal de Guienne.*

La place dont on vient de lire la magnifique peinture devait prendre le nom de *place Louis XVI.* Le monument gigantesque qui devait s'élever sur l'hémicycle et être aperçu de tous les coins de la ville, avait déjà reçu celui de Colonne Ludovise.

Enfin, les 13 rues, de 54 pieds de large, devaient avoir des trottoirs (1) et porter les noms suivans :

Rues du *New-Hampshire,*
　　　de *Massachussets,*
　　　de *Rhode-Island,*
　　　du *Connecticut,*
　　　de *New-York,*
　　　de *New-Jersey,*
　　　de la *Pensylvanie,*
　　　de la *Delaware,*
　　　du *Maryland,*
　　　de la *Virginie,*
　　　de la *Caroline du Nord,*
　　　de la *Caroline du Sud,*
　　　et de la *Géorgie.*

(1) Ce projet de distribution, dit M. Gaullieur L'Hardy, dans son ouvrage sur le Grand-Théâtre, avait été arrêté par le Roi lui-même et contresigné par M. de Calonne, alors ministre des finances.

C'était, comme l'on voit, le nom des treize Provinces-Unies de l'Amérique, qui devaient leur indépendance à l'intervention de Louis XVI et au courage de ses généraux, de Rochambeau, de Lafayette, et du comte d'Estaing.

Telles étaient les magnifiques proportions et les splendides ornemens que l'on se disposait à donner alors à l'immense terrasse nue et aride que nous avons aujourd'hui sous les yeux.

La grandiose pensée de l'architecte Louis reçut, même à cette époque, un commencement d'exécution; comme nous le disions tout-à-l'heure, quelques remparts furent démolis, et des déblaiemens assez considérables eurent lieu.

Si les évènemens qui vinrent bientôt apporter la terreur dans Bordeaux, et qui couvrirent en peu de temps cette belle cité de sang et de ruines, eussent permis la réalisation de ce magnifique projet, Bordeaux serait aujourd'hui une seconde capitale, qui lutterait avec Paris de splendeur, d'éclat et de prospérité.

Mais ce n'étaient pas à des hommes comme Tallien, Jullien, Ysabeau et Lacombe, qu'il fallait en demander l'exécution. Ceux-là ne surent élever dans Bordeaux d'autre monument que celui qui, du 23 octobre 1793 au 14 juillet 1794, souilla constamment la place Dauphine.

Ce n'étaient pas les sans-culottes, qui, dès le dé-

but de la Révolution, avaient renversé et détruit la
magnifique statue équestre de Louis XV, située alors
sur la place Royale ; ce n'étaient pas , disons-nous,
ces mêmes sans-culottes qui pouvaient permettre
qu'on élevât dans la même ville un monument au
Roi Louis XVI.

Ces temps d'épreuves sont déjà bien loin de nous.
Du projet monumental que nous venons de faire
connaître, on n'a réalisé à Bordeaux qu'une imparfaite ébauche.

Le Château-Trompette a été rasé ; une vaste et
belle place, nous le reconnaissons, a été construite
sur ses ruines ; mais son immense étendue est sa
plus grande et presque sa seule beauté. En dehors
de cela, rien dans l'architecture actuelle ne rappelle la splendide description que nous faisaient de la
place Louis XVI les écrivains de l'an 1787.

Ces 13 rues et ces 13 arcs de triomphe, ces voies
publiques de 54 pieds de largeur, ces trottoirs, ces
colonnades d'ordre composite, ces groupes et ces trophées, dont Louis XVI voulait doter notre ville, ont
disparu avec lui.

Plus tard, lorsqu'il s'est agi de construire la place
actuelle, la susceptibilité, ou plutôt la mesquine ja-
lousie des Parisiens, s'est éveillée. On n'a pas voulu
que Bordeaux possédât une rangée de monumens
qui eût éclipsé la colonnade du Louvre ; la faveur
royale de l'arrière petit-fils de Louis XIV n'était plus

là pour nous défendre : arcs de triomphe, colonnes et colonnades disparurent ; tout, jusqu'au plan même des rues, fut supprimé.

Mais l'emplacement du moins nous reste encore. Nous ne demandons pas qu'on y élève, comme on devait le faire il y a 65 ans, une deuxième *colonne Trajane* de 180 pieds de haut et de 15 pieds de diamètre ; les malheurs passés nous ont habitué à plus de modestie. Mais une magnifique statue de bronze, à l'effigie et à la mémoire de Louis XVI, a été fondue il y a vingt-cinq ans à Paris (1); elle est la propriété de ceux de nos concitoyens qui, inspirés par leur patriotisme, et reconnaissans de l'éclat donné à leur ville, ont souscrit pour son érection.

Nous avons donc l'espérance que la place restée vide sera avant peu occupée, et que si les Parisiens ont chaque jour, sur le Pont-Neuf, le plaisir de contempler les traits de notre bon roi Henri de Béarn, nous aurons à notre tour, nous Bordelais, l'honneur de saluer l'image du régénérateur de la marine française, du bienfaiteur de Bordeaux, du correspondant des Girondins et de l'auguste client de l'avocat De Sèze.

(1) Cette statue a 5 mètres environ de hauteur, et ne pèse pas moins de 400 quintaux.

On parle aujourd'hui de la conciliation des vieux partis; personne plus que nous ne la désire et ne veut l'espérer. — C'est l'avenir sans doute qui nous la réserve; mais, en attendant, s'il est un terrain neutre sur lequel elle puisse s'accomplir, c'est bien certainement celui que nous occupons aujourd'hui.

— C'est devant l'effigie de ce Roi qui a tant souffert et qui a tant pardonné, que nous trouverons seulement nos colères mesquines et que nous pourrons gémir de leur avoir, jusqu'à présent, donné un asile parmi nous.

La statue de Louis XVI pourra devenir ainsi à Bordeaux, non-seulement le monument de la reconnaissance éternelle, mais encore le gage de la réconciliation et de l'oubli des haines passées.

N'oublions pas enfin que, sans être solidaires de la déplorable faiblesse et de l'aveuglement des Girondins, nous avons avec eux la communauté d'une même patrie. C'est donc à nous en quelque sorte que revient le devoir, non pas de réparer des fautes à jamais irréparables, mais d'élever du moins aux mânes du Roi martyr le monument expiatoire que, depuis 93, lui doivent Vergniaud, Guadet, Ducos, Fonfrède et Gensonné!!!

FIN.

PIÈCES JUSTIFICATIVES

Et Ouvrages à consulter.

Si peu étendu que soit ce livre, il a cependant donné lieu à plus de recherches et de lectures que l'on ne serait peut-être tenté de le supposer. — Il est d'usage de publier, à la suite d'un travail historique, les notes et les pièces justificatives qui en contrôlent l'exactitude ; nous nous bornerons, pour notre part, à faire connaître les titres de quelques-uns des documens qui nous ont servi à composer l'histoire de Bordeaux de 1774 à 1789.

Ce sont, pour la plupart, des mémoires, des écrits ou des journaux du temps : — ceux qui pourraient avoir la fantaisie d'y recourir, y retrouveront, comme nous, le témoignage irrécusable de la prospérité véritablement surprenante dont Bordeaux n'a cessé de jouir pendant les quinze premières années du règne de Louis XVI.

Voici le titre de ceux de ces ouvrages qui pourront le plus facilement, et avec plus de fruit, être consultés par nos concitoyens :

Registres des délibérations des Jurats de la ville de Bordeaux (manuscrit).

*Voyage d'*ARTHUR YOUNG *en France*, tom. I et III.

Statistique du département de la Gironde, par JOUANNET.

Histoire de Libourne, par RAYMOND GUINAUDIE.

Variétés Bordelaises, par BAUREIN.

Almanach historique de la province de Guienne. — 1790.

Almanach de Commerce, d'Arts et Métiers, pour la ville de Bordeaux. — 1785.

Journal de Bordeaux et du département de la Gironde, par CORNU.

Journal de Guienne, dédié à M. le maréchal duc de Mouchy.

Antiquités Bordelaises, par BERNADAU.

Projet général pour l'établissement d'un nombre suffisant de fontaines dans la ville de Bordeaux, par DURAND.

Les Landes en 1826, par M. BILLAUDEL.

De la mise en valeur des Landes de Gascogne, par JULES MARESCHAL.

Courrier de la Gironde de 1792, par MARANBON.

Annales de Bordeaux, faisant suite aux *Chroniques Bordeloises*.

Portefeuille ichonographique de Louis, par GAULLIEUR L'HARDY.

Histoire des israélites de Bordeaux, par M. A. DETCHEVERRY.

Histoire des monumens anciens et modernes de la ville de Bordeaux, par M. BORDES.

Tableau alphabétique des citoyens actifs du canton de Bordeaux, électeurs ou éligibles à l'Assemblée Nationale.

Documens officiels, publiés à Londres en 1835.

Revue d'Edimbourg.

Publications du *"Board of trade."*

Traité sur les vins du Médoc, par WILLIAM FRANCK.

Dictionnaire de géographie commerçante, par PEUCHET.

Lettre écrite au citoyen Bøze, peintre du Roi, par Guadet, Vergniaud et Gensonné.

Histoire de France, par L. PIERRE ANQUÉTIL, t. XIII.

Histoire de la Révolution française, par A. THIERS, t. I et II.

TABLE DES MATIÈRES.

§ III.

LE PARLEMENT, LES LANDES, etc.

§ IV.

HISTOIRE MARITIME ET COMMERCIALE.

§ VIII.

SUITE DE LA PHYSIONOMIE DE BORDEAUX.

§ IX.

LE BARREAU BORDELAIS.

§ X.

LES GIRONDINS.

§ XI.

BORDEAUX A LA MORT DE LOUIS XVI.

§ XII.

PROJETS D'EMBELLISSEMENTS A BORDEAUX.

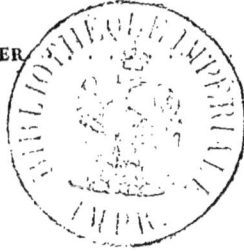